LA
FILLE SANS SOUCI.

—

TOME I.

Où irai-je?....En Angleterre.

LA FILLE SANS SOUCI.

Par M. de FAVEROLLES.

TOME PREMIER.

A PARIS,

Chez LEROUGE, Libraire, Cour du Commerce, quartier Saint-André-des-Arts.

1818.

LA FILLE SANS SOUCI.

CHAPITRE PREMIER.

Vous ne croyez pas, Madame, qu'une jeune personne assez jolie, qui n'a point de guide, échappe aux dangers d'un monde séducteur. Je puis vous assurer, par ma propre expérience, que rien n'est aussi facile. Je m'engage à vous le prouver, en vous rendant un compte exact de toutes les actions de ma vie depuis l'âge de quinze ans ; âge auquel je me suis trouvée entièrement maîtresse de mes actions, jusqu'au moment où j'ai perdu ma liberté. Sûre de vous intéresser, et comptant sur votre indulgence, je commence ce récit, qui n'a d'autre mérite que la plus exacte vérité.

Le marquis de Mensi, veuf depuis deux ans, quitta la France en 1789, laissant une fille âgée de onze ans dans les mains d'une gouvernante qui l'avait élevée, et ne l'avait pas quittée depuis le moment de sa naissance. Cette fille, qui se nommait Ursule Planier, avait reçu quelque éducation des Sœurs St.-Thomas. Ses principes honnêtes, ses mœurs et sa morale pure l'attachaient sincèrement à son élève. Elle se retira avec elle dans un faubourg de Tarbes, où elle avait loué une petite maison qui avait un jardin ; ce qu'Ursule avait soigneusement cherché, afin que Pauline pût prendre l'air sans sortir. Une somme de douze mille francs que

M. de Mensi laissa à Ursule, devait plus que suffire, suivant lui, pour le temps qu'il serait absent. Ursule, qui avait plus de raison que ceux qui croyaient ne faire qu'un voyage de courte durée, remit à M. Nainville, avocat, ami sincère de M. de Mensi, dix mille francs, pour qu'il les plaçât sous son nom; voulant assurer à Pauline, en cas d'événement, une faible existence, qui enfin valait mieux que rien. M. Nainville, en outre, trouva le moyen de soustraire à la rapacité révolutionnaire quelques sommes qui, réunies à la première, assurèrent à mademoiselle de Mensi cent pistoles de rentes. Ursule lui apprit à broder, et surtout à vivre de peu. Aussi n'avait-elle aucune inquiétude sur son sort? Mais, si elle ne pouvait redouter la misère pour Pauline, combien d'autres dangers l'environnaient! un beau nom, qui alors était un crime, une beauté remarquable et une extrême jeunesse; point de proches parens qui prissent à elle aucun intérêt. Si Ursule venait à mourir, que deviendrait mademoiselle de Mensi? Ursule parlait quelquefois de ses craintes à M. Nainville. Il n'y aurait, dit-il, qu'un moyen pour préserver cette charmante enfant de tout péril : ce serait de l'unir à mon fils; c'est un jeune homme sensé, plein d'honneur, et qui sûrement rendra une femme très-heureuse. Le seul inconvénient, c'est que je ne suis pas riche, et que j'ai beaucoup d'enfans; mais mon ami Gendron, notaire à Paris, est lié avec des gens en crédit : il pourrait peut-être faire avoir à Charles une place, du produit de laquelle ils existeraient, en attendant que les choses s'arrangeassent. Croyez-vous, dit Ursule, que M. le Marquis trouverait bon que sa fille épousât le fils d'un avocat? — Je connais aussi-bien que vous son orgueil; mais il n'y a aucune certitude qu'il existe encore, puisque voilà quatre ans qu'il est parti, et qu'on n'en a encore aucune nouvelle; enfin, je crois, s'il vit, qu'il préférerait voir sa fille épouser mon fils, à la savoir en butte aux persécutions des ennemis de l'ordre social. D'ailleurs, si nous ne sommes point d'une naissance comparable à celle de M. de Mensi, nous jouissons néanmoins d'une grande considération dans cette ville, où, de temps immémorial, nous avons servi de défenseurs à la veuve et à l'orphelin; et je suis bien sûr que Charles réussira dans tout ce qu'il voudra entreprendre: il aime Pauline, il m'en a fait l'aveu; sachez s'il ne déplaît pas à cette jeune personne. Si elle consent à lui donner la main, j'écrirai à M. Gendron; dès que mon ami aura réussi en ce que je lui demanderai, nous marierons Charles et Pauline, et vous partirez avec eux. Ursule demanda à mademoiselle de Mensi, si M. Nainville ne lui déplaisait pas: celle-ci avait vécu, depuis le départ de son père, dans la plus profonde solitude; elle ne voyait que M. Nainville et son fils. Ce jeune homme, doué d'une fort belle physionomie et d'un caractère charmant, ne pouvait déplaire. Elle répondit donc, avec toute la naïveté de son caractère, qu'elle ne désirait rien autant que d'être sa femme. M. Nainville le père écrivit aussitôt à Paris à M. de Gendron, et il obtint pour Charles une place de chef au trésor public.

Son fils épousa mademoiselle de Mensi, et tous deux partirent quinze jours après pour Paris, avec la fidèle Ursule.

CHAPITRE II.

Monsieur et madame Nainville, en arrivant à Paris, descendirent chez M. Gendron, qui accueillit ces jeunes gens avec beaucoup d'amitié, les présentant à sa femme, qui était encore jeune, comme des amis par eux-mêmes, et surtout par l'étroite amitié qui existait depuis tant d'années entre lui et le père de Nainville. Nos jeunes gens, sensibles à ces marques d'attachement n'en abusèrent pas, et au bout d'un mois, ils louèrent, rue de la Tour-d'Auvergne, une fort jolie maison avec un jardin et s'y établirent. Jamais couple ne fut mieux assorti et plus heureux. La certitude que Pauline allait être mère ajoutait à leur bonheur ; je fus cette heureuse enfant, car, qui aurait été plus heureux que moi si j'avais conservé les auteurs de mes jours ! Je naquis neuf mois juste après leur mariage. Mon père loin de contrarier ma mère dans le désir qu'elle avait de me nourrir, lui aurait demandé avec instance de remplir ce devoir sacré, si Pauline n'y avait pas été décidée ; car elle n'aurait pu consentir à me voir passer dans des mains étrangères. Touet au bonheur d'être mère, elle ne trouva pas l'avoir trop acheté par des souffrances qui n'altérèrent pas sa santé.

Mon père, au comble de la félicité, défendit qu'on me contrariât en quoi que ce fût. Je veux que ma fille soit parfaitement heureuse ; qu'elle ne se rappelle les premières années de sa vie qu'avec reconnaissance pour nous; que les larmes ne ternisent point l'éclat de ses yeux ; que jamais la crainte n'irrite ses nerfs : notre fille ne saurait avoir de mauvaises inclinations; pourquoi donc la contraindre? Celui qui plie sous un joug pesant, ne cherche que l'occasion de s'en délivrer. Je veux que ma fille soit si heureuse près de nous , qu'elle n'ait jamais le désir de nous quitter.

Ma mère et Ursule secondèrent ses intentions : je ne vis jamais dans leurs yeux qu'une tendre bienveillance ; le son de leur voix était doux et caressant. Ma mère, qui chantait agréablement et jouait de la guitare, m'endormait toujours aux doux sons de cet instrument, accompagnés de ses tendres refrains. Nulle gêne dans mes habits , nulle contrainte dans mes actions. Je courais , sautais , dansais du matin au soir : pourquoi aurait-on reprimé les mouvemens de ma pétulante enfance? Je n'avais aucune envie de nuire à ceux de qui je ne recevais que des témoignages d'amour. La nature me donna une grande facilité pour tout ce que je voulais entreprendre. J'appris à lire et à écrire en jouant : il en fut de même de tout ce que mon père m'enseignait; et il y avait peu d'hommes plus instruits et qui eussent une manière plus facile de se faire comprendre. Je n'eus de maîtres étrangers qu'à dix ans. Mon père leur donna les mêmes instructions qu'il avait données à Ursule; ils s'y conformèrent, et on ne m'enseigna rien que par forme d'amusement. Je ne sais si cette méthode réussirait à tous les enfans; je sais bien que, pour moi, elle eut le plus heureux résultat. Je fis des progrès surprenans, mon père et ma mère étaient fiers de mes succès. Je dansais à ravir, je dessinais fort bien, j'avais des dispositions très-heureuses pour la harpe et le forte-piano; je savais fort bien ma langue et je commençais l'anglais. Ma mère m'idolâtrait et mon père ne pouvait se passer de me voir un instant : j'avoue que j'avais une préférence marquée pour lui; non que je la lui dusse du côté des qualités du cœur, ma mère les possédait toutes; mais il joignait à beaucoup d'instruction un esprit si agréable, qu'il était impossible que je ne trouvasse pas plus de plaisir avec lui qu'avec ma mère. Celle-ci s'en aperçut sans en être jalouse; elle aimait si tendrement son mari, que c'était pour elle une nouvelle satisfaction de voir ma prédilection pour mon père.

Tout devait leur présager un bonheur parfait. J'arrivais à ma douzième année quand ma mère fut attaquée d'une fluction de poitrine qui l'enleva en huit jours; mon père fut au désespoir, et je fus encore plus malheureuse de sa douleur que de la mienne. Ce sentiment était tellement étranger à mon caractère, qu'il ne put avoir de suite. Peu à peu je me consolai ; mon père se contraignant pour ne pas me fatiguer de sa douleur, parut plus calme et parvint à trouver dans mon attachement la seule distraction qu'il pût goûter. Ayant renoncé à tout plaisir, il employait l'argent qu'il consacrait autrefois aux dépenses qu'entraîne la société, à me donner les premiers maîtres de Paris, et je devins très-forte sur le forte-piano et la harpe ;

mais surtout je dessinais de manière à pouvoir m'en faire une ressource, si la fortune me devenait contraire. Mon père pensait déjà à me marier, car je venais d'avoir seize ans; il me disait : Je veux avant deux ans me voir revivre dans un enfant de mon Ernestine ; je te marierai à un honnête homme. Je lui répondais en l'embrassant que je ne voulais jamais le quitter.

Un jour, il fut entraîné par un de ses amis à faire une partie de chasse ; voulant sauter un fossé, il s'appuie sur son fusil qui part au repos et me ravit pour jamais le meilleur des pères.

Lorsque l'on vint m'apprendre cette affreuse nouvelle, je tombai sans connaissance, et une fièvre violente me tint pendant quarante jours entre la vie et la mort. Je croyais aller rejoindre l'objet de mes cuisans regrets ; mais les soins d'Ursule et ma jeunesse me conservèrent. J'avais eu le temps de réfléchir ; la grandeur de la perte que je fesais s'était présentée dans toute son étendue à mon esprit ; mais enfin mes regrets ne pouvaient rendre la vie à ce tendre père. Je pensais que mon bonheur lui avait été si cher pendant sa vie, qu'il ne pouvait voir l'effet que la douleur produisait sur moi, sans en être affligé ; qu'ainsi, pour lui plaire, je devais chercher à me consoler. A force de me dire que c'était suivre les intentions de M. Nainville, je parvins à me distraire ; je recouvrai en même temps la santé et la gaieté qui m'était si naturelles. Je n'ai jamais oublié et je n'oublierai jamais mon père ; mais j'y pense comme à un ami absent que je suis sûre de revoir un jour, et Ursule qui avait craint pour mes jours, bénit le Ciel en me voyant enfin guérie et calme.

CHAPITRE III.

Dès que je fus en état de me lever, M. Gendron, qu'une assemblée d'amis, faute de parens, avait nommé mon tuteur, vint me voir ; il me rendit compte de l'état de ma fortune, qui n'était pas considérable, mais qui pouvait me suffire. Cependant il me parut impossible de garder la maison qu'occupait mon père, et qui coûtait cent pistoles de loyer. Ursule regrettait le jardin. On sait qu'il entrait dans son plan d'éducation que l'on ne fût pas obligé de sortir pour prendre l'air. Moi, qui n'avais nulle envie de m'enfermer tête-à-tête avec elle, je ne voyais pas la nécessité d'avoir un jardin pour me promener. Les Tuileries, le Boulevard, les Champs-Élysées, me paraissaient plus amusans. D'ailleurs, cette maison, ce jardin surtout, me rappelaient trop la perte que j'avais faite, et je sentais que je serais bien moins affligée quand j'habiterais une autre maison. Je priai donc M. Gendron, qui demeurait rue Saint-Honoré, près de la place Vendôme, de me chercher un joli appartement dans son quartier, où j'irais m'établir dès que je serais en état de soutenir la voiture. Nous convînmes que je ne pouvais pas y mettre plus de quatre cents francs; car mon père ne me laissait que cent louis de rente, un fort joli mobilier, de la vaisselle d'argent, les bijoux, les dentelles de ma mère, de fort beau linge, une bibliothéque peu considérable, mais bien assortie, et composée d'éditions précieuses, reliées en maroquin doré sur tranche, un piano d'Erard et une harpe d'Alderman. Huit jours après sa première visite, M. Gendron revint, et me dit qu'il m'avait trouvé un fort joli logement dans la rue de la Sourdière, à un troisième, dans une maison très-bien habitée. Comme j'étais encore très-faible, et hors d'état de m'occuper des soins de mon déménagement, madame Gendron, qui ce jour-là accompagnait son mari, m'engagea à venir passer la fin d'avril et le mois de mai dans sa jolie maison de Boulogne, où elle resterait tout l'été. J'acceptai sans avoir besoin de demander l'aveu de personne, et je sentis que j'étais maîtresse de mes actions. Cette pensée, en me rappelant que je ne dépendais plus d'un père, qui n'avait employé son autorité que pour me rendre heureuse ; cette pensée, dis-je, renouvela ma douleur ; mais je me dis ensuite : n'est-ce donc rien que de pouvoir faire tout ce qu'on veut, sans que personne ait le droit de le trouver mauvais? et je me promis, dès cet instant, de profiter de mon indépendance.

Ce n'était pas l'intention d'Ursule ; elle comptait me conduire comme si je n'avais eu que six ans ; je me disais intérieurement : il n'en sera rien. Ursule n'avait pas grande envie d'aller à la campagne, il ne faisait pas encore bien chaud. Elle n'avait pas fait ses Pâques ni moi non plus ; et qui déménagera ? — Quant à tes Pâques, tu viendras passer une matinée à Paris, si cela te plaît ; pour moi, je m'en occuperai plus tard ; je suis encore trop souffrante pour être deux heures dans l'église ; quant au déménagement, tu viendras deux jours à Paris, tu feras venir un tapissier, quelques hommes de peine, cela sera bientôt fait. — Et pendant ce temps, que ferez-vous ? — Je resterai à la campagne. — Toute seule ? — Madame Gendron et sa fille seront avec moi tout l'été. — J'entends bien ; mais vous serez sans moi ? — Oui, ma chère Ursule, sans toi. Crois-tu qu'une fille de seize ans ne puisse pas être trois jours chez une femme aussi respectable que madame Gendron, sans sa gouvernante ? va, sois tranquille, on ne m'enlèvera pas. — Je ne dis pas cela ; mais mademoiselle Rosalie est bien légère, elle est gaie, un peu folle. — Mais cela me fera grand bien et me tirera de la langueur où le chagrin et ma maladie m'ont plongée. Je t'assure, ma bonne amie, que je sais ce qui me convient. — Ah ! oui, dit la bonne Ursule en secouant les oreilles ; il est sûr qu'à votre âge on a toute la prudence, la prévoyance possibles. On n'a plus besoin de personne pour se diriger; on avait tort autrefois de mettre la majorité à vingt-cinq ans. — Aussi l'a-t-on établie à vingt-un ans, et j'espère qu'on l'avancera encore. — Ah ! cela ferait un fort bel effet. Eh ! mon Dieu ! mon Dieu ! il y a déjà bien assez de moyens pour que la jeunesse se perde, sans en hâter le moment. — Erreur que tout cela, vieux préjugés ; mon père m'a dit bien des fois, que très-certainement nous avançons vers la perfectibilité, car l'espèce humaine se développe bien plus tôt qu'il y a un siècle. Il n'y a plus d'enfans; on voit des jeunes gens de treize à quatorze ans avoir déjà une opinion formée sur des sujets importans, et la soutenir par d'excellens raisonnemens. — Je respecte infiniment la mémoire de monsieur votre père. Je ne puis, toutefois, m'empêcher de dire qu'il donnait trop dans les idées nouvelles. Tenez, tout cela ne sert à rien, on change tout à présent, on se croit bien plus savant, et je ne vois pas quelle belle découverte on a faite. On ne veut plus d'enfans : gare que bientôt l'on n'ait plus d'hommes. Les fruits dont on hâte la maturité ne se gardent pas, et leur saveur ne vaut jamais celle des autres. — Préjugés, ma bonne, préjugés. Enfin, je vais aller à la campagne, je m'en fais un grand plaisir. J'aime beaucoup Rosalie ; oh ! les belles courses que nous allons faire ! — Pas seules, j'espère. — Eh ! pourquoi pas ? Rosalie a dix-huit ans, c'est une jeune personne bien élevée.... — Ah! j'ai bien peur, Ernestine, que vous ne preniez trop tôt l'essor. — Non, non, n'aie pas peur; je n'ai point oublié les sages conseils de mon père; ils sont gravés dans mon cœur, ils ne s'en effaceront jamais; mais la vertu n'empêche pas de jouir de tous les plaisirs innocens, et je compte bien ne pas m'en priver pour de sottes convenances. Ursule fut bien alarmée de me voir cette manière de penser, mais que pouvait-elle y faire? Elle résolut de ne me perdre de vue que le moins qu'elle pourrait. Elle prépara tout pour le départ.

J'étais si faible encore, que j'eus toutes les peines du monde à monter dans la voiture de madame Gendron, qui était venue me prendre pour me conduire à Boulogne. Je soutins ce-

pendant assez bien la route, et en arrivant, je voulus aller dans le jardin, mais je ne pus faire que quelques pas. Je rentrai dans le salon, où je me mis sur une chaise longue, en face d'une croisée qui donnait sur la campagne.—Oh! Rosalie, disais-je, quel plaisir nous aurons à nous promener! —J'en aurai un très-grand; maman ne quitte jamais son jardin : pour moi je le sais par cœur, et j'aime le changement. — Voilà une belle disposition que vous avez là, dit Ursule, et quand vous serez mariée....
— On sait bien que c'est différent ; tiens, ma bonne, repris-je, tu es en train de moraliser, laisse-nous, je t'en prie. — Eh ! oui, je vous laisse, car je vais ranger vos robes et vos chapeaux. — Tu feras bien. C'est la meilleure fille du monde qu'Ursule, je l'aime de tout mon cœur;

mais depuis que j'ai eu le malheur de perdre mon père, elle se croit responsable de mes moindres actions, et elle a formé le projet de me tenir en tutelle. L'état de maladie où j'ai été, a encore affermi en elle cette résolution ; mais elle ne sait pas qu'en reprenant mes forces, j'ai formé aussi le projet d'en faire usage, et que je veux courir, aller, venir, sans en rendre compte à qui que ce soit. — Et tu feras bien, dit Rosalie ; tu n'as point de parens qui aient le droit de contraindre tes désirs. C'est un grand malheur de perdre son père et sa mère ; mais je pense comme toi, qu'au moins faut-il se dédommager, s'il est possible, de leur perte, en jouissant de sa liberté. Et nous formâmes déjà les plus beaux plans du monde, qui consistaient à faire de longues promenades dans les environs; car, étant en grand deuil, je ne pouvais paraître dans les bals, ni au spectacle; et ces longues courses, dont je me faisais tant de plaisir, se bornèrent long-temps à faire le tour du jardin, car mes forces revenaient lentement. Enfin, quand je fus en état de me promener dans le bois, qui alors était charmant, je proposai d'y venir. Madame Gendron dit qu'elle ne demandait pas mieux, pourvu qu'Ursule nous accompagnât. Ce n'était pas mon compte, et je jurai qu'elle s'en dégoûterait. Ursule était petite et grasse, j'étais mince et légère, Rosalie n'était pas moins alerte. Nos deux bonnes têtes résolurent de faire faire à mademoiselle Planier un tel exercice, qu'elle demanderait en grâce de ne plus être de ces promenades. La première, la seconde, ne passèrent pas les forces de notre bonne, parce que je ne pouvais pas encore aller très-loin; mais à la troisième, à la quatrième, nous faisions deux ou trois lieues en très-peu de temps; de sorte qu'Ursule rentrait rouge comme une betterave et toute en sueur; elle ne manquait pas de se plaindre de nous, et de dire que nous la ferions mourir. Ne viens pas, lui disais-je, car nous irons bien plus loin la première fois. — Madame Gendron veut que je vous accompagne. — Eh! bien, écoute : pour tout concilier, tu sortiras avec nous; tu iras aussi loin que tu pourras; quand tu seras lasse, tu t'assiéras, et nous reviendrons te rejoindre. Ursule ne voulait point consentir à cet arrangement : c'était tromper la confiance de madame Gendron, c'était mentir; mais elle pensait que nous serions au plus une heure. Ainsi, il fut convenu que nous la laisserions reposer à moitié chemin. On était dans les premiers jours de mai ; le soleil, s'étant levé radieux, annonçait la plus belle journée. Rosalie proposa une promenade ; madame Gendron nous engagea à avoir quelque complaisance pour Ursule et à marcher un peu moins vite. Nous la ménagerons, dis-je, et nous aurons égard à son embonpoint. On part, et jamais nous n'avions été si vite : nos pieds rasaient la terre ; Ursule était toujours à cent pas derrière nous, haletant, essuyant la sueur qui coulait de son front ; et enfin, elle fut tellement fatiguée, qu'elle ne pouvait plus avancer. Nous avions ce jour-là dirigé notre promenade vers les hauteurs de Saint-Cloud. Arrivées à la porte Jaune, nous proposâmes à Ursule de se reposer, tandis que nous irions jusqu'à Ville-d'Avray, promettant de venir la reprendre. Ursule, excédée d'avoir monté une côte aussi roide, et ne se sentant pas le courage d'aller plus loin, s'assit sur l'herbe; et nous voilà parties.

———

CHAPITRE IV.

Nous gagnons Ville-d'Avray et sa belle fontaine ; nous étions sorties de bonne heure, je me sentais appétit, Rosalie avait faim ; nous entrâmes chez une bonne paysanne, on nous fit cuire des œufs frais, et on nous servit de la crême et des fraises. Ce repas nous parut excellent; je demandai en déjeunant si nous étions loin de Versailles. — D'une bonne lieue et demie, dit la paysanne.—Si nous y allions?—Volontiers. Si nous sommes fatiguées, nous reviendrons en voiture. Et Ursule ? — Quand elle s'ennuiera, elle s'en retournera : ce n'est pas une enfant. — Et que dira maman ? — Nous dirons que nous nous sommes perdues dans le bois, et que nous avons été tout étonnées de nous trouver à Versailles ; j'ai le plus grand désir de voir le parc. Nous payâmes la bonne femme, qui nous indiqua le chemin.

Je riais (et c'était la première fois depuis la mort de mon père) ; je riais en pensant que la bonne Ursule aurait le temps de se reposer : il était midi quand nous l'avions laissée dans le parc de Saint-Cloud, deux heures venaient de sonner à Ville-d'Avray, et nous avions près de deux lieues à faire pour être à Versailles. Nous ne pensions pas y arriver avant quatre heures ; il fallait au moins deux heures pour dîner, voir les eaux, les jardins, les bosquets : il sera donc six heures quand nous monterons en voiture ; nous serons en route plus d'une heure :

il en sera sept et demie quand nous arriverons à la porte Jaune. Ursule sera bien reposée. — Ah! elle n'attendra pas; et que dira ma mère?— Elle dira que nous nous promenons; et comme Ursule aura été long-temps à se décider à retourner à Boulogne, nous arriverons en même temps qu'elle, et ta mère n'aura pas eu d'inquiétude.—Tant mieux, car maman est bonne, mais elle a des momens de sévérité. Ah ! ma chère Ernestine, on est bien heureuse quand on peut faire sa volonté : je la ferai ; un jour je te conterai cela ! — Et pourquoi pas tout de suite ? nous sommes seules, personne ne nous écoute ; je me suis doutée que tu avais quelque chagrin, car tu as perdu de ta gaieté, de ta vivacité. — Oh ! j'en ai bien sujet, mais je ne dois plus y penser. — A quoi?—Je n'aurai jamais le courage de te conter tout ce qui s'est passé depuis six mois. — Tu aimes donc? car mon père m'a dit que les femmes n'avaient de chagrin que lorsqu'elles aimaient. — Ah! j'ai bien éprouvé le le contraire. Je n'ai eu de plaisir, de vie, de bonheur, je n'ai vécu enfin que du moment que l'amour a fait palpiter mon cœur. — Dis-moi donc quel est l'heureux mortel qui t'a fait éprouver ce sentiment? Et je la pris par le bras. Je m'approchais tout près, tout près, pour ne rien perdre de ce qu'elle allait dire. Nous voyez-vous sur la route, Madame? figurez-vous deux jeunes filles, dont l'une fort belle et arrivée à cet âge où la beauté est dans tout son éclat : une robe blanche, un spencer de velours noir, un grand chapeau de paille d'Italie attaché avec un ruban rose; l'autre, à qui l'on a dit quelquefois qu'elle était jolie, entièrement vêtue de noir. Telles nous étions, Rosalie et moi; toutes deux le pied petit, la jambe fine, la taille parfaite, mais avec des physionomies très-différentes.

Rosalie avait de grands yeux noirs, le visage ovale, le nez un peu long, la bouche petite et le teint pâle ; mais les dents d'une blancheur remarquable. Sa compagne dont il faut bien que je vous fasse le portrait (car comment laisser ignorer entièrement au lecteur la figure de son héroïne?) vous saurez que cette Ernestine, dont je vous entretiendrai pendant deux volumes, avait dépassé d'un an son troisième lustre sans être encore parvenue à son entière croissance, et que cependant elle était d'une taille que beaucoup d'hommes préfèrent à une plus élevée ; qu'elle avait assez d'embonpoint, un visage rond, des yeux de la couleur de ceux de Minerve, qui avaient, ont prétendu quelques satiriques, l'expression de ceux de Vénus; un teint qui le disputait à la rose; la bouche un peu grande, mais des lèvres vermeilles qui faisaient valoir la blancheur des dents; des cheveux blonds; le bras, les mains, le cou fort bien et dont la peau était animée par cette teinte rosée qui, à la vérité, s'efface en peu d'années, mais qui prouve, dans celle qui en porte l'empreinte, une santé parfaite. Si l'on ajoute à cela l'air le plus enjoué, et une mobilité dans la physionomie qui peignait jusqu'aux moindres sensations de l'âme (et ces sentations étaient presque toujours celles du plaisir), on aura une idée assez juste de ce que j'étais il y a dix ans. Il est aisé d'imaginer que ces dix années ont effacé une grande partie de cet éclat, tandis que la régularité des traits de Rosalie lui assure pendant bien des années encore la supériorité parmi les personnes de son sexe.

On pense facilement que deux pèlerines, telles que nous étions, devaient fixer l'attention de quelques voyageurs. Pour moi, je n'en avais que pour ce que me racontait Rosalie ; aussi, je ne sais pas si l'on nous regardait, si l'on nous suivait, si l'on nous écoutait, ce qui est à présumer, et que je ne puis toutefois assurer ; mais je n'entendais, ne voyais que Rosalie. — Ce qu'elle vous contait était donc bien intéressant! me le direz-vous?—Ah! vous êtes aussi curieuse que moi! Eh bien! je vais vous satisfaire.

Histoire de Rosalie Gendron.

« Tu sais, ma chère, que j'ai été mise en pension à dix ans chez Mlle. Rameau, faubourg du Roule. C'était une maison à grande prétention plus qu'à bons principes ; on y trouvait de ces excellens professeurs que les parens paient très-cher, et qui ne font réellement faire des progrès qu'à celles qui ont de grandes dispositions, ce qui est l'usage dans toutes les éducations publiques. J'avais beaucoup de ces dispositions pour la danse, fort peu pour le dessin, et de fort médiocres pour la musique ; mais j'aimais les langues, et j'appris assez passablement l'italien et l'anglais. Il est vrai que le professeur de cette langue était le plus aimable des hommes. M. d'Orsonville avait passé dix ans à Londres avec ses parens, qui avaient quitté la France pendant les troubles politiques ; et il possédait la langue de Milton et de Pope, comme s'il fût né sur les bords de la Tamise, sans avoir rien pris de la roideur anglaise : c'est le plus aimable Français, parlant anglais sans faire la moindre faute. Revenu en France, il ne trouva rien, mais absolument rien que les dettes de ses parens. Il dit aux créanciers : Je n'ai rien touché de la succession de mon père et de ma mère, faites-vous payer par ceux qui m'ont ôté l'embarras des biens de la terre ; et il résolut de mettre à profit son talent pour les langues. Ayant entendu dire que le professeur d'anglais de l'institution de madame Rameau était mort, il vint s'offrir pour le remplacer ; elle le regarda en dessous, elle n'a jamais regardé en face ;

elle le trouva bien, car on ne peut le trouver autrement. Elle lui baragouina quelques phrases d'anglais, qu'Alfred eut l'honnêteté de deviner; il lui en répondit de trop fortes pour qu'elle les entendît, et dont elle conclut qu'il était très-habile dans la langue. Elle fut contente de son ton, de ses manières; elle eût été difficile si elle ne l'eût pas trouvé bien. Elle fit avec lui des arrangemens, qui fondaient sur les talens d'Alfred une assez forte contribution au profit de la maîtresse, mais c'est encore l'usage. Dès le lendemain M. d'Orsonville vint donner sa première leçon. Je le vis, et ce fut l'arrêt de ma destinée. Ah! Ernestine, vous êtes encore trop jeune pour savoir ce que c'est que cette douce sympathie qui vous entraîne vers l'objet aimé; qui vous fait chercher dans son être un nouvel être; qui vous transporte près de lui dans une région céleste ; qui...... — Ah ! ah ! ah ! — Qui te fait donc rire ? — C'est ton galimatias sentimental. Pauvre enfant, que tu es bonne d'appeler cela du bonheur. Mon père m'a bien dit que c'était ainsi que s'exprimaient ces pauvres fous que l'on appelle amans. Enfin, tu devins éprise de ton maître d'anglais ; et l'était-il de toi ? — Je crois que, sans vanité, je puis me flatter de ne pas être faite de sorte à aimer seule. — Mon père, car j'aime à le citer, me disait : Les hommes ont des caprices inconcevables ; on en voit qui sont aimés éperduement par des femmes charmantes qu'ils dédaignent. — Eh bien ! ma chère amie, il n'en était pas ainsi : Alfred m'aimait à la folie ; il me le dit. — Je t'en demande pardon, ma chère enfant, mais je sais aussi de

M. de Nainville, qu'un maître qui ose déclarer son amour à son écolière, est bien à coup sûr un malhonnête homme. — Ernestine, vous m'avez demandé mon secret, était-ce donc pour blesser mon amour-propre, pour attrister mon cœur ? — Non, Dieu m'en garde ! repris-je en la serrant contre mon sein ; je te disais seulement l'opinion de mon père. — Il en aurait changé en connaissant M. d'Orsonville : ce n'est pas un maître ordinaire ; il est d'une naissance très-distinguée. — A ce qu'il dit. — Tout l'annonce en lui. — Mon père disait aussi, qu'une femme ne peut juger celui qu'elle aime ; mais, enfin, qu'est-il arrivé de votre amour ? — Que mademoiselle Rameau, qui adore Alfred, s'est aperçue de notre intelligence ; qu'elle en a averti ma mère, qui aussitôt est venue me chercher et m'a amenée ici, où, depuis un mois, je n'ai pu avoir aucune nouvelle de l'ami de mon cœur, et où je meurs d'ennui et de douleur ; et ma mère ne paraît pas s'en apercevoir. — Elle a raison, car mon père disait que le grand moyen d'éteindre une passion que l'on ne peut espérer de voir couronner, est de n'en point parler. Je suis bien fâchée même de t'avoir engagée à me dire ton secret, car tu ne dois avoir aucune espérance ; M. d'Orsonville est sûrement très-pauvre, et tes parens sont riches.— Raison de plus. — Raison de moins. — Ah! Ernestine, que tu es cruelle! — Je suis vraie. »

Nous avions fait beaucoup de chemin, tout en parlant, et enfin nous aperçûmes Versailles, et oubliant notre différend, nous nous hatâmes de gagner l'avenue qui conduit au château. Comme vous connaissez fort bien ce séjour et sa majestueuse tristesse, je ne m'amuserai pas à le peindre ; mais je dirai le plaisir que j'éprouvai en me trouvant sur la terrasse. Quelle grandeur ! quelle noblesse ! On croit voir errer ici la grande âme de Louis XIV, disais-je ; je n'ai qu'un regret, c'est de n'être pas née dans ce siècle, dont la lumière se répand encore sur le nôtre. Rosalie n'était pas enthousiaste des arts : comme elle me l'avait dit, sa plus grande étude avait été la danse, et elle n'avait appris l'anglais que par amour pour le professeur. Je ne trouvais donc pas en elle la ressource que que j'avais espérée, pour admirer les chefs-d'œuvre dont nous étions environnées. Je sentais que seule, j'eusse été plus contente, parce que je me serais arrêtée à certains objets qu'il fallait passer promptement, attendu que Rosalie avait l'air de s'ennuyer. Un désir vague de rencontrer celui qu'elle aimait, lui donnait une inquiétude qui l'empêchait de tenir en place. Enfin, nous rencontrâmes un pauvre homme qui, pour une pièce de monnaie, nous offrit de nous faire voir les appartemens que l'on restaurait. Ils me parurent moins beaux que le parc. Ils plurent davantage à ma compagne. Nous commencions à être extrêmement fatiguées, le jour baissait, et Rosalie pensait à ce que dirait sa mère; d'ailleurs, elle ne pouvait plus rencontrer Alfred, car l'heure s'avançait. Son espérance s'était fondée sur ce que ce jeune homme, comme je l'ai su depuis, donnait des leçons à la femme du préfet; et c'était précisément son jour. Perdant tout espoir, elle me proposa de prendre une petite voiture, de nous faire conduire à la porte Jaune pour y reprendre Ursule, et retourner de là à Boulogne. C'est très-bien, dis-je, mais il faut dîner. — Et où ? — Dans cette auberge. — Je n'oserais. — Pourquoi ? quel mal y a-t-il à demander à dîner pour son argent ? Je la fis entrer chez un restaurateur, qui nous parut d'assez bonne apparence. Je demandai un potage et un poulet, et en un quart-d'heure nous fûmes prêtes à partir. On nous amena une de ces petites voitures qui ont remplacé celles de Versailles, dont le singulier nom se prononçait cependant dans la société la plus élevée, sans aucun embarras. Le nom n'y faisait rien; celles qui maintenant ont la vogue, sont à mon gré les plus incommodes, les plus rudes, les moins propres qu'on ait vues ou qu'on pourra imaginer ; mais nous n'avions pas le choix. Au moment où nous allions monter, deux officiers se présentent pour remplir les deux places qui restaient. Je dis affirmativement que, payant la voiture entière, nous ne voulions point que personne la partageât avec nous. Les jeunes gens insistent, je me fâche ; Rosalie ne disait rien. Ces Messieurs répliquent : Nous avons arrêté cette voiture il y a une heure ; il faut que nous retournions à Paris, il n'y a que celle-là, et nous ne la céderons pas : d'ailleurs, nous ne perdrons pas une aussi belle occasion de passer une heure avec ces dames ; nous ne laisserons pas de si jolies personnes, seules la nuit, sur une grande route. — Nous n'avons besoin de personne, nous payons la voiture entière, on n'y montera pas. Le conducteur ne savait quel parti prendre. L'un des jeunes gens lui avait donné une pièce de cinq francs pour le gagner. J'invoquais le secours de l'aubergiste ; Rosalie pleurait, car elle voyait la nuit se fermer. — Oh mon Dieu ! mon Dieu ! que deviendrons nous ? — Nous coucherons ici. — Et ma mère ? — Elle aimera mieux que nous couchions chez d'honnêtes gens, plutôt que de nous en aller dans une voiture avec des inconnus. L'hôte pérorait les officiers, que nous sûmes être de la garde ; mais rien ne pouvait les décider à faire la route à pied, quand, enfin, il vint une autre voiture sur la place. Je dis à l'hôte de la faire avancer. Ces messieurs, ajoutai-je, ne diront pas qu'ils ont loué celle-ci. On m'obéit : nous y montâmes, et nos officiers en furent pour leur générosité. Nous dîmes au cocher de nous conduire à la porte Jaune. Rosalie, qui avait été effrayée de la scène que nous venions d'avoir, et plus encore de celle qu'elle craignait en arrivant à Boulogne, ne parlait point et faisait de gros soupirs. Je cherchais à la consoler; voyant que je n'y pouvais réussir, je m'endormis, et ne fus réveillée que lorsque la voiture s'arrêta à la porte Jaune.

CHAPITRE V.

LE conducteur se retourne, et nous dit : Eh bien ! nous voilà à la porte Jaune, où allez-vous ? — Nous n'allons nulle part. — Comment ! vous n'allez nulle part ! Vous n'avez point de logement ? — Nous en avons un, mais pas ici. — Eh bien ! pourquoi y venez-vous ? — Pour y chercher une femme que nous y avons laissée. — Et dans quelle maison ? — Elle n'était pas dans une maison ; elle était assise au pied d'un arbre. — Vous vous moquez de moi, dit le conducteur en termes fort énergiques ; est-ce qu'une femme reste au pied d'un arbre comme un champignon? — Mais elle est peut-être entrée dans quelque auberge. Mon cher ami, si vous voulez vous informer. — Et à qui voulez-vous que je m'informe? tout le monde est couché. — Frappez à cette porte. Il frappe ; on veut savoir qui on demande. Le conducteur, instruit par nous, dit : Madame Ursule? — Elle n'est pas ici, répond l'homme qui avait ouvert, et il referme sa porte en jurant. Le conducteur jure aussi, et ce duo n'avait rien pour nous de très-gracieux. — Ah ça ! les belles, dit notre Phaéton, combien cette comédie durera-t-elle? — Ce n'est point une comédie ; nous venions très-réellement chercher une vieille dame qui devait nous attendre. — Vous voyez, par les cinq cents diables, qu'elle n'y est pas, qu'il est tard, que mon cheval n'en peut plus, et que je veux m'en aller. — Et où voulez-vous aller ? — Chez moi ; car, je ne suis qu'un pauvre homme, mais Dieu merci j'ai un asile : ce n'est pas comme *d'aucuns* que je connais, qui cherchent où se loger à dix heures du soir. — Mais où demeurez-vous ? — A Paris, rue Saint-Dominique-d'Enfer ; mais je ne puis vous mener chez nous ; nous avons une femme, et si elle me voyait arriver comme ça à minuit avec deux jolies filles ; palsangué ! faudrait voir le beau bruit qu'elle ferait. — Mais nous ne voulons pas aller chez vous en aucune manière, mais bien à Boulogne, chez madame Gendron. — Vous ! chez madame Gendron ? Vous m'en bâillez là d'une belle. Il n'y a pas plus de rapport entre vous et cette respectable dame, qu'entre moi et le Grand-Turc. Vous vous trompez bien sur notre compte ; nous sommes de très-honnêtes personnes. — Bah! ce n'est pas à moi que l'on en fait accroire; il y a plus de trente ans que j'en mène de toutes les couleurs, des brunes, des blondes, des vieilles, des jeunes, des riches, des pauvres; je ne m'y trompe jamais : est-ce que des filles honnêtes s'en vont dîner toutes seules chez un restaurateur ? et encore, Dieu sait celui que vous aviez choisi! c'est un vrai tripot. Peut-être employa-t-il un mot plus français dont je n'entendais pas la force. Mais l'heure avançait ; je sentais tout l'inconvénient de notre situation. Rosalie fondait en larmes; pour moi, je ne pleurais point, parce que mon père m'avait toujours dit que les larmes ne mènent à rien ; mais je commençais à avoir quelqu'inquiétude, et je crus qu'enfin il fallait en finir avec cet insolent. Voyons, lui dis-je, vous nous demandiez quand finirait la comédie, c'est moi à présent qui vous le demande ; voulez-vous marcher, ou non? Nous logeons à Boulogne, chez madame Gendron. Si vous partez de suite, et que vous nous meniez chez cette dame, je vous donnerai un écu de cinq francs pour boire, outre le prix de la voiture; sinon, ouvrez votre mauvaise cariole, voilà trente sous; nous allons descendre et faire la route à pied. — Eh bien ! j'allons encore tenter l'aventure; mais si on ne vous reçoit pas, je vous jette en bas de la voiture et je vous laisse dans l'avenue, vous deviendrez ce que vous pourrez. — On nous recevra, et très-bien, je vous jure; *allons, en route*. — Diable, vous savez le mot du guet. Il ferme la cariole, monte sur le devant de la voiture, donne un grand coup de fouet à son cheval, en lui criant : En route. — Vous savez, lui dis-je, que c'est la première maison en venant de Paris. — Ah ! je le sais mieux que vous, j'y vais plus souvent; ah! c'est une bien brave dame: son mari est notaire à Paris, rue Saint-Honoré, à droite en venant par la place Vendôme. J'ai souvent l'honneur de les mener. Ils ont une bien jolie demoiselle. Oh ! celle-là ne court pas les champs à minuit; c'est sage, rangé, ça ne quitte pas sa mère d'une minute; et je dis toujours que je ne crois pas qu'on vous reçoive. — Marchez, lui dis-je, et faites trève à vos raisonnemens qui m'ennuient. — Diable ! pourquoi vous mettez-vous dans ce cas? Il n'y a qu'un mot à dire : où vous êtes ce que j'entends, alors je ne vous offense pas; ou vous êtes d'honnêtes personnes, alors pourquoi vous conduisez-vous comme si vous ne l'étiez pas. Ce n'est pas ma faute si je me trompe, c'est la vôtre. Je pris le parti de ne pas lui répondre, et lui de dormir tant, et si bien, que son cheval, qui était aveugle, alla donner dans un tas de pierres, et nous versa à plat. Le Phaéton fut jeté à vingt pas de la voiture, heureusement sur la terre, de sorte qu'il ne fut pas blessé; mais Rosalie avait reçu un coup à la tête contre une barre de fer, et souffrait beaucoup. Moi, je n'avais pas la plus légère égratignure. Le conducteur se lève en faisant des imprécations horribles. Il voit; car la lune s'était levée, sa voiture fracassée; il crie bien plus fort encore. Nous étions dans la grande allée du parc, en face du café. On entendit le vacarme que faisait ce malheureux, et les cris de Rosalie qui voulait sortir de la cariole, et ne le pouvait pas. Le maître du café n'était pas couché ; il vint avec ses garçons et de la lumière. Il voit la voiture entièrement renversée, et deux femmes dedans, dont il croit reconnaître l'une. — Eh mais ! c'est mademoiselle Gendron, si je ne me trompe ! — Mon Dieu oui, c'est moi, M. Saunier ; aidez-moi à sortir de là. Je me suis donné à la tête un coup horrible qui me fait bien mal. M. Saunier savait vivre : il ne nous fit aucune question indiscrète, nous offrit de venir un moment chez lui nous remettre de la frayeur que nous devions avoir eue ; après quoi il nous reconduirait chez madame Gendron.

Le conducteur était confondu. Il se souvenait de toutes les injures qu'il nous avait dites. Il craignait que le père de Rosalie ne l'en fît repentir ; il ne pensait pas que nous n'avions garde de nous en vanter; mais surtout il voyait sa voiture brisée, et pour au moins quarante francs de réparations, de l'aveu même de M. Saunier. Je tirai de ma poche une double pièce d'or, je la lui donnai en lui disant : Prenez garde de la perdre, et apprenez une autre fois à ne pas juger si vite. Ce pauvre diable ayant regardé à deux fois s'il ne se trompait pas, se jeta à mes genoux, et nous demanda mille pardons. — Vous ne nous avez pas offensées, lui repondis-je, puisque vous ne nous connaissiez pas. Il ne savait comment nous exprimer sa reconnaissance. Nous entrâmes un moment au café, où il n'y avait personne pour réparer le désordre de nos coiffures. On bande la tête de Rosalie, à qui madame Saunier, tout aussi discrète que son mari, mit une compresse d'eau de boule et d'eau-de-vie ; elle nous fait prendre, à toutes deux, un verre d'eau sucrée avec de la fleur d'orange, dont je n'avais pas besoin, car je n'avais eu aucune frayeur. M. Saunier nous offre son bras, et un de ses garçons marche devant nous avec un falot; nous nous acheminons ainsi vers la maison de M. Gendron. Que dirons-nous ? Que ferons-nous ? Je l'avoue au lecteur, nous ne savions comment nous excuser.

CHAPITRE VI.

Nous allions savoir ce qu'était devenue Ursule, comment elle avait supporté l'inquiétude que lui avait dû causer notre absence. On se rappelle qu'elle était excédée de fatigue lorsqu'elle arriva au haut du parc ; elle s'assit, et nous n'étions pas sur le chemin de Ville-d'Avray, qu'elle était profondément endormie. Lorsqu'elle se réveilla, elle fut bien effrayée de ne pas nous trouver auprès d'elle. Elle se rappela alors qu'elle nous avait permis d'aller jusqu'aux fontaines ; et regardant à sa montre, elle fut très-étonnée de voir que l'aiguille marquait trois heures moins tin quart.—Comment ! dit-elle, midi sonnait à la paroisse quand elles m'ont quittée ; voilà bientôt trois heures, et elles ne sont pas revenues ! Ah ! jeunesse imprudente ! Que leur sera-t-il arrivé ? Elle eût pu dire : Vieillesse pusillanime ! Pourquoi avoir consenti à notre fantaisie ? J'aurais boudé, je me serais fâchée, mais enfin je serais restée. Ursule avait fait une grande faute ; et comme il arrive presque toujours, elle en portait la peine, car rien ne peut exprimer l'inquiétude où elle était. Elle se lève, porte autour d'elle des regards effrayés. Où sont-elles ? Que font-elles ? La femme de chambre de madame Gendron lui avait raconté ce qui avait déterminé sa maîtresse à amener sa fille à la campagne. Mon Dieu ! disait-elle, comme elle me l'a rapporté depuis, si ce d'Orsonville s'est trouvé là, s'il a enlevé mademoiselle Rosalie et Ernestine? Ah! qu'ai-je fait! ne devais-je pas sentir que ce désir de courir seule avec son amie, cachait quelque mauvaise intention! Que vais-je devenir? comment me présenter devant madame Gendron? Elle allait, venait, n'osait s'éloigner de la place où nous l'avions laissée; elle interrogeait tous ceux qui passaient, et elle n'obtenait presque de tous, pour toute réponse, qu'un rire moqueur. Oh! la pauvre vieille! disaient les uns, la pauvre femme qui a perdu ses filles! vous les retrouverez, prenez patience, on ne les gardera pas. D'autres, plus honnêtes, lui disaient: nous avons aperçu sur la route deux très-jolies personnes, qui couraient plutôt qu'elles ne marchaient; on eût dit que l'amour leur prêtait ses ailes; et si elles reviennent aussi vite qu'elles s'éloignaient, elles ne tarderont pas à être ici. Enfin, il s'en trouvait qui poussaient la politesse jusqu'à prendre le signalement des pèlerines avec le plus grand soin ; Dieu sait dans quelle intention. J'ai su depuis que nos officiers étaient de ces derniers, et qu'ils nous avaient suivies sans que nous nous en fussions aperçues. Enfin Ursule, voyant qu'il était près de sept heures, voulut croire, pour se donner la force de retourner chez madame Gendron, que nous étions revenues à Boulogne par un autre chemin, sans venir la rejoindre. Quand elle se le fut bien persuadé, elle se mit en marche. Elle se retournait à tout moment pour voir si nous ne venions pas. Enfin, elle arrive à la porte ; un tremblement général la saisit au moment de frapper ; songeant qu'elle va faire naître le désespoir si les jeunes filles ne sont pas rentrées ; mais enfin il faut bien que leurs parens sachent qu'elles ne sont point avec elle. Elle lève donc le marteau ; le bruit qu'il fait en retombant retentit dans le cœur de la mère de Rosalie. Depuis quatre heures elle était dans la plus mortelle inquiétude. Malheureusement c'était un samedi ; monsieur Gendron était venu de bonne heure, pour passer le dimanche avec sa femme et sa fille ; il était furieux que cette dernière fît une si longue absence. Il n'avait pas su bien clairement l'affaire de d'Orsonville, car madame Gendron pensait, comme Rousseau, qu'il ne faut pas tout dire aux pères ; mais il s'était douté de quelque chose, ce qui ajoutait infiniment à ses alarmes.

Enfin on a frappé à la porte qui donne sur l'avenue de Saint-Cloud, c'est sûrement elles. Madame Gendron renverse tout, court sur le perron, traverse la cour. Elle voit Ursule toute seule :— Où est ma fille? qu'avez-vous fait de ma fille ? — Répondez, qu'en avez-vous fait ? ajoute M. Gendron avec le plus grand emportement. — Hélas ! Monsieur et Madame, je n'en ai rien fait, non plus que de mademoiselle Ernestine ; je ne sais ce qu'elles sont devenues l'une et l'autre.— Mort de ma vie ! s'écrie le père de Rosalie, vous ne savez ce qu'est devenue ma fille ! on vous le fera savoir. Courez, dit-il à son maître-Jacques, courez au village, allez chez le commissaire de police, qu'il vienne ici avec la force armée, qu'il arrête cette coquine qui croit m'en imposer par sa feinte douleur. —Eh! mon ami, que voulez-vous faire? un éclat dont vous vous repentirez;

sachons plutôt..... — Que voulez-vous savoir, puisqu'elle dit qu'elle ne sait rien ? Cependant, madame Gendron fait signe à son valet d'attendre que son maître réitère l'ordre. Ursule plus morte que vive, ne sait si elle veut entrer ou sortir : sortir, il n'y avait pas moyen ; car M. Gendron revenant à l'avis de sa femme, avait seulement donné l'ordre de fermer la porte à la grosse clef et de ne pas perdre de vue ma pauvre gouvernante, que l'on conduit enfin dans le salon ; là elle se jette aux pieds de madame Gendron; elle proteste de son innocence, lui raconte avec la plus exacte vérité comment nous l'avions quittée, avions-nous dit pour une heure, etc. Madame Gendron voyait sa fille perdue, enlevée par d'Orsonville, dont elle n'osait prononcer le nom; son mari lui lançait des regards terribles, frappait du pied, portait son poing fermé sous le nez d'Ursule et lui disait : Maudite vieille, malheur à toi si on ne retrouve pas ma fille ! Ursule pleurait, adressait quelques mots à madame Gendron. Celle-ci, abimée dans la foule des pensées qui l'accablaient, est assise dans un grand fauteuil, les deux mains devant ses yeux : des larmes coulent entre ses doigts ; toute la maison est dans l'alarme. On aime Rosalie, on s'intéresse à moi, parce que je suis naturellement affable et généreuse, ce qui suffit pour se faire aimer des domestiques. Philippe s'offrit d'aller à Ville-d'Avray savoir si l'on nous avait vues dans le village ; madame Gendron accueillit avec empressement cette marque de zèle. Il partit aussitôt, et pendant son absence on fut un peu plus calme. M. Gendron se retira dans son cabinet, ce qui laissa sa femme plus libre d'interroger ma gouvernante ; elle vit dans ses réponses une grande franchise, mais n'acquit pas plus de certitude sur le sort de Rosalie.

Le valet revint ; il avait été, par un effet du hasard, à la maison de la paysanne chez qui nous avions déjeuné ; celle-ci lui avait dit que nous étions allées à Versailles. Il eut d'abord le projet de nous y aller chercher ; mais y étions nous encore ? d'ailleurs, il pensait avec quelle impatience la mère de Rosalie attendait de ses nouvelles. Il revint donc sur ses pas, quitte à retourner si ses maîtres le voulaient.

Madame Gendron était bien affligée en pensant que c'était volontairement que sa fille lui causait tant de chagrin ; mais elle voyait ici plus de légèreté que de projet : elle se flattait que ses craintes n'étaient pas fondées ; que d'Orsonville, enfin, n'était pour rien dans cette escapade. Le cœur d'une mère s'ouvre facilement à l'indulgence; le père était moins facile à persuader, et sa colère croissait à chaque instant, ainsi que la douleur d'Ursule.

CHAPITRE VII.

Tout resta dans cette position jusqu'à onze heures et demie que nous arrivâmes à la porte. J'avais raconté dans le chemin notre aventure à M. Saunier; je ne sais s'il y crut, mais il parut y croire. Le marteau vient encore troubler le profond silence de la nuit, là où la douleur et l'inquiétude veillent. Qui vient? dit languissamment madame Gendron; si c'étaient elles! mais non, quelle apparence! — Je parie que vous ne vous trompez pas, Madame, ce sont-elles bien sûrement; elles arrivent de Versailles. On avait déjà ouvert, mais cette fois Rosalie ne voit ni son père ni sa mère venir au-devant d'elle. Un effroi qu'elle ne peut surmonter la saisit : M. Saunier, dit-elle, ne vous en allez pas. — Que pourriez-vous craindre ? répondit-il ; je ne ferais que gêner dans ce moment ; et il sortit avec son garçon.

C'était Philippe qui nous ouvrait. Ce garçon fit en nous voyant des cris de joie auxquels toute la maison répondit, excepté le père et la mère de Rosalie. Ursule a oublié ses années, son embonpoint ; elle court, elle vole, elle est dans mes bras, m'embrasse, me caresse, me demande si je ne suis pas bien fatiguée, ce qui m'est arrivé. On nous conduit dans le salon ; madame Gendron était au coin de la cheminée, elle ne se lève pas ; Rosalie veut se jeter dans ses bras ; elle la repousse : Allez rendre compte à votre père de votre conduite. — En vérité, Madame, je suis seule coupable; je suis une étourdie, une folle, et Rosalie n'a aucun tort.

Mademoiselle Gendron, pétrifiée de l'accueil de sa mère, ne savait que devenir. Allons, lui dis-je, trouver ton père ; je lui conterai tout ce qui nous est arrivé, et il verra que nous n'avons fait qu'une imprudence. Rosalie se laisse entraîner dans le cabinet de M. Gendron. Je savais que mon tuteur m'aimait, parce que la mémoire de mon père lui était chère. J'entre donc avec la confiance que j'ai toujours eue en mon étoile, dans toutes les circonstances embarrassantes de ma vie.

Eh bien ! mon cher tuteur, vous êtes donc bien en colère contre nous ? — Mademoiselle, ce n'est pas contre vous, mais bien contre ma fille. — Votre fille n'est point coupable, c'est moi seule qui le suis ; c'est une folie qui m'a passé par la tête. Vous allez me mettre au désespoir, si vous conservez ce grand air froid : nous avons eu tort, bien tort ; nous vous en demandons pardon, moi, comme à mon tuteur, elle comme à son père. En disant cela, je pliai le genou ; Rosalie se précipite à ses pieds ; M. Gendron s'empresse de me relever ; j'approche ma joue de ses lèvres ; il ne peut résister au plaisir de me donner un baiser. Alors, plus de colère, il s'écrie : Ah ! friponne, vous savez bien que rien ne vous résiste, votre père me l'a dit cent fois ; mais que vous avez fait de mal à cette pauvre madame Gendron ! allons ! venez la consoler ; je m'en suis pris à elle de votre absence, j'ai pensé étrangler Ursule ; enfin, c'était un bruit affreux, et tout cela pour une petite fille indocile. Allons ! venez faire votre paix. Il nous prit

chacune par une main et nous amena à sa femme. — Je vous livre les coupables, vous les punirez comme il vous plaira ; mais pour moi, il a bien fallu leur pardonner : ma pupille s'est tellement chargée de tous les torts...
— Ah ! je ne veux infliger à Rosalie d'autre punition que de voir l'état où elle m'a réduite ; et en effet, cette pauvre mère était si changée, que l'on eût dit qu'elle sortait de la plus violente maladie. Sa fille en fut si pénétrée, qu'elle versa un torrent de larmes ; ce fut alors sa mère qui la consola. Il fut convenu que l'on ne parlerait plus de cette funeste aventure. Alors on s'aperçut que Rosalie avait une contusion à la tête, car elle avait ôté son bandeau pour ne pas effrayer sa mère, qui voulut savoir d'où venait cet accident. Je dis alors : je vais vous raconter tout ce qui s'est

passé, et vous verrez que nous avons été bien punies de notre désobéissance. Je mis tant de gaieté et d'originalité dans mon récit, que même madame Gendron et Ursule ne purent s'empêcher de rire. On pensa que le poulet, le potage, ne nous empêcheraient pas de souper. Personne de la maison n'avait mangé depuis le déjeuner. On fit servir, et à l'issue du repas, on ne se serait pas imaginé que nous avions causé tant de désordre ; seulement les promenades furent entièrement défendues sans madame Gendron. Le père de Rosalie alla le lendemain matin remercier M. Saunier, et prier sa femme d'accepter une fort jolie bague, en reconnaissance des soins qu'elle nous avait donnés ; bien sûr que le moyen le plus certain d'obtenir le secret de cette aventure, était d'enchaîner leur langue par ce bienfait : aussi n'en parlèrent-ils à personne ; et cette première folie, qui ne fut pas ma dernière, n'eut aucune suite fâcheuse. Mais une seconde assez plaisante, que vous saurez plus tard, me mit dans un plus grand embarras.

CHAPITRE VIII.

Le mois de mai était près de finir, je commençais à m'ennuyer. Rosalie me parlait toujours de ses amours, madame Gendron d'économie, Ursule de morale. Il n'y avait que le dimanche de supportable, parce que mon tuteur venait avec ses amis, et au moins cela mettait un peu de variété dans notre société, qui, depuis que nous n'allions plus faire de longues promenades, me paraissait fort monotone. Ursule avait été à Paris pour faire meubler mon appartement, et les trois mois de mon grand deuil étant finis, je n'étais pas fâchée de jouir des amusemens dont j'étais privée depuis long-temps ; car mon père, comme je l'ai dit, avait renoncé, sitôt la mort de ma mère, à tout plaisir. Il ne me mena pas une fois, pendant ces quatre années là, ni à un bal, ni à aucun spectacle, et jamais dans les réunions. Nous allions seulement chez M. Gendron, pour qui il conservait une grande reconnaissance. J'y voyais Rosalie le dimanche, jour où elle n'était pas à sa pension. Quelquefois nous allions promener avec elle, et M. et madame Gendron, au Jardin du Roi ou au Luxembourg ; mais le plus souvent j'allais seule avec mon père ; alors il me menait voir tout ce qu'il y avait d'intéressant et de plus curieux dans Paris, soit les chefs-d'œuvre des arts, soit nos manufactures, les bibliothèques ; et partout il m'enrichissait de ses connaissances ; il semblait qu'il prévît que bientôt il me serait enlevé, tant il se pressait de m'inspirer un grand respect pour la vertu, qu'il appelait le trésor par excellence ; mais il éloignait le plus qui lui était possible les préjugés ; il ne pouvait souffrir qu'on retrécît mon esprit par des contes absurdes. Il m'avertissait, en ami bien plus qu'en père, des dangers de la société, me faisait toujours envisager le bonheur comme une récompense d'avoir rempli ses devoirs, et m'inspirait la haine du vice et la compassion pour ses semblables. Il me faisait voir que presque tous nos malheurs venaient de nos préjugés, de notre sottise à mettre un trop grand prix à l'opinion. Il formait mon goût en lisant avec moi nos auteurs, les comparant avec ceux de de l'antiquité, dont il possédait les langues comme la sienne ; il comptait me les apprendre, si le Ciel ne me l'eût enlevé; car, il ne voyait pas quelle raison on pouvait avoir de fermer aux femmes le sanctuaire des sciences. Il me faisait surtout attacher beaucoup de prix à la liberté; et quoiqu'il eût été parfaitement heureux avec ma mère, il me peignait le mariage comme un joug fâcheux, qu'il me conseillait d'éviter le plus long-temps qu'il me serait possible. J'avais donc formé le projet de rester fille, et de me consacrer entièrement à rendre mon père heureux, en lui formant une société. Il était fort jeune à l'époque de son mariage, et il y avait beaucoup d'époux qui avaient entre eux plus de distance d'âge, qu'il n'y en avait entre mon père et moi. Sa mort détruisit tous mes plans de bonheur. Je me trouvai, à seize ans, sans guide, sans un véritable ami dans le monde, avec des idées exagérées de liberté qui m'eussent perdue, si, d'un autre côté, mon père ne m'eût inspiré tant d'horreur pour le vice, et tant d'amour pour la vertu, que j'ai su échapper à mille piéges où mes imprudences m'avaient engagée. Mais quoi, deux pages de réflexions! Ah! madame, que je vous plains! mais vous les avez peut-être passées, et alors vous ne me comprendrez pas toujours..... Qu'importe! vous arriverez à la fin de l'ouvrage tout aussi bien qu'un autre. Je connais même de ces grands *lecteurs de romans*, qui courent au quatrième volume avant de connaître le troisième, ou même qui n'en lisent que trois, s'il y en quatre, et qui trouvent seulement que l'auteur a négligé ou embrouillé le dénouement. Oh! la bonne pâte d'esprit que ces bénévoles lecteurs!

J'ai quelque envie de composer pour eux quatre ouvrages, dont ils trouveraient une page successivement dans le même volume ; et je suis certaine qu'ils le liraient, en s'écriant : Qu'il est bizarre ! qu'il est neuf ! on ne voit rien de comparable dans aucun autre. Mais revenons. A quoi ? Je n'en sais plus rien. N'est-ce pas à l'instant où j'ai voulu partir pour Paris ? Oui, c'est là que j'en suis restée.

CHAPITRE IX.

Rosalie me vit partir avec bien du chagrin, et son père avec plus de regret encore. Il m'aimait, ce cher tuteur; il prenait avec moi un ton paternel qui lui valait toujours quelques-unes de ces innocentes caresses, auxquelles l'homme le plus philosophe n'est jamais insensible, quand c'est une fille de seize ans qui lui accorde cette faveur. Madame Gendron s'en apercevait un peu; et elle avait un fonds de jalousie qu'elle dissimulait assez mal; pour moi j'avoue que ce galant homme eût été le dernier que j'aurais choisi, s'il eût été libre. Il était grand, gros, avait les pieds en dedans, les jambes gorgées, la tête enfoncée dans les épaules, portait une perruque, avait le teint rouge, et l'esprit des affaires, qui n'est pas celui de la société. Je m'apercevais bien de l'impression que je faisais sur lui, et je n'avais pas oublié que le baiser que je lui avais permis de prendre, avait tout à coup calmé sa colère contre sa fille. J'avoue que ma petite vanité s'amusait de l'avoir ainsi attaché à mon char; et comme j'avais formé le projet de tenir un registre exact de tous ceux dont je troublerais la raison, mon cher tuteur eut la gloire d'être le premier en tête de la liste.

Cependant il se consola de mon départ en pensant, comme tuteur, qu'il aurait le droit de venir me voir souvent; et qu'à l'abri de ses soixante ans, et de sa vieille amitié pour ma famille, la critique ne pourrait envenimer la pureté de son attachement pour moi. Je comptais en tirer un autre parti ; je voulais connaître l'amant de Rosalie, et s'il était digne de la rendre heureuse, employer le crédit que me donnait mon ascendant sur son père, pour le déterminer à le lui accorder en mariage. Nous allons voir ce qui en résulta. Rosalie avait reçu une lettre passionnée d'Alfred, par l'entremise de son maître de dessin qui, sous prétexte de venir offrir de donner des leçons à Rosalie, saisit l'instant et lui remit cette amoureuse épître, qui n'était sûrement pas la première qu'elle eût reçue de *cet incomparable amant*. Elle me la fit voir : je persistai à dire qu'un honnête homme ne se servait pas de ces moyens ; mais je n'en promis pas moins que je verrais d'Orsonville, et je m'y pris pour cela d'une manière bien simple. J'avais toujours eu le projet de me fortifier dans la langue anglaise, que je lisais, écrivais assez correctement, mais que je prononçais mal, parce que je n'avais eu d'autre maître que mon père, qui n'avait jamais été en Angleterre. Je promis donc à mon amie que j'écrirais à Alfred de vouloir bien venir me donner des leçons. Rosalie fut pénétrée de reconnaissance, et elle se consola de mon départ en pensant que je hâterais son mariage avec le marquis d'Orsonville ; car elle ne doutait pas qu'il n'eût un titre, et elle se voyait déjà marquise ou comtesse, et femme de son amant, dès que je voulais bien m'en mêler. Aussi comme elle m'embrassa au moment de mon départ ! Nous convînmes d'un chiffre pour nous écrire, en désignant le nom de d'Orsonville sous celui d'un oiseau charmant qu'elle me donnait. Ainsi, quand l'oiseau avait chanté, cela voulait dire que d'Orsonville était venu; et quand l'oiseau ne chantait pas, on devait entendre que je n'avais pas vu ce tendre amant.

Ces belles dispositions prises, je partis dans la voiture de M. Gendron, qui venait à Paris pour ramener une de ses belles-sœurs. Je trouvai mon appartement le plus joli qu'on pût imaginer. Mon tuteur avait changé des meubles trop grands et d'une forme qui viaillissait, contre le mobilier le plus agréable. Tout était frais et gracieux; mon lit, surtout, était charmant; il était de mousseline des Indes, brodée, doublée de taffetas couleur de rose. De belles glaces, des vases de porcelaine des formes les plus élégantes;

mais rien n'était joli comme mon boudoir. Des bibliothèques en glaces réunissaient les livres dont j'ai parlé ; deux causeuses de gros de Naples, bleues, rideaux pareils, croisés par d'autres de mousseline; sur un charmant tapis une table à écrire, qui annonçait que mon tuteur ne pensait pas que je pusse être seule dans cette jolie pièce, pour toute autre raison que le désir de me livrer à l'étude. M. Gendron, qui arriva presqu'en même temps que moi, me demanda si j'étais contente de mon intendant. — Sûrement, lui dis-je, mais il m'a ruinée. — Non, parce que vous aviez beaucoup plus de meubles que vous n'en aviez besoin. J'ai vendu le surplus pour vous procurer un nécessaire agréable. Mais ce qui me fit un grand plaisir, ce fut de trouver un *piano* à *l'ut*, du meilleur auteur, en place du mien qui était ancien. M. Gendron fut enchanté de voir combien je me plaisais dans ce nouveau gîte. Il m'apportait vingt-cinq louis, premier quartier de mes rentes, qu'il m'engagea à ménager, et me demanda la permission de venir quelquefois s'informer de ma santé. Je l'assurai que je le verrais toujours avec plaisir. Cependant, je comptais mettre des bornes à ses empressemens, parce que j'avais très-bien remarqué, comme je l'ai dit, que madame Gendron n'était pas fort contente des témoignages d'intérêt, un peu trop vifs, que mon tuteur m'avait donnés pendant mon séjour à Boulogne.

Je passai près d'une semaine à Paris dans mon nouveau logement, à arranger mes papiers, dont la plupart m'étaient bien précieux, car c'étaient des cahiers que mon père avait faits pour moi, et qui contenaient presque tout ce qu'il convient à une femme de savoir, avec des réflexions morales, qui devaient servir à ma conduite dans toutes les circonstances de ma vie.

Ursule, qui m'avait gardée toute une semaine, était enchantée. Elle croyait que l'aventure du voyage de Versailles, m'avait guérie de la fantaisie de courir seule. Elle se trompait : cependant je comptais laisser passer encore quelques mois avant de me livrer à la société, parce que je voulais me perfectionner sur le piano, que j'avais négligé depuis ma maladie, et surtout apprendre à parler anglais. Pour commencer par ce qui réunissait mon avantage et mon désir d'être utile à mon amie, j'écrivis à M. d'Orsonville, comme ayant vu son nom dans un journal. Il vint dès le lendemain. Comme j'aime à peindre ceux qui entrent en scène avec moi, je vais vous faire connaître le célèbre Alfred, que je ne vis pas avec la même prévention que Rosalie.

M. d'Orsonville était alors un homme de trente à trente-deux ans; grand, bien fait, portant la tête haute, ayant peu de cheveux, le nez aquilin; les yeux à fleur de tête, mais que des lunettes qu'il portait constamment, empêchaient de bien juger; de belles dents qu'il faisait voir avec facilité, sa bouche étant grande; un sourire sardonique, plutôt qu'obligeant. Vêtu à la dernière mode, il affectait tous les airs et les tons des jeunes gens le plus en réputation d'élégance et de *suprême bon ton*, et grasseyait un peu. Tel je vis Alfred au premier instant, et malgré tous les frais qu'il fit pour me plaire, il n'y réussit pas. Je trouvai dans toute sa personne quelque chose de faux qui me donnait mauvaise opinion de lui. Cependant je ne voulais pas m'en tenir à la première impression. Je convins donc qu'il viendrait trois fois par semaine, de midi à deux heures. Quand il fut parti, Ursule me dit : N'es-tce pas là M. d'Orsonville, qui donnait des leçons dans la pension de mademoiselle Rosalie ? — Lui-même. — Mais il me semblait qu'il s'était mal conduit avec..... — Sa conduite m'est fort indifférente, pourvu qu'il sache bien l'anglais.— Ah ! quelle mauvaise maxime ! et ne savez-vous point ce proverbe : Dis qui tu hantes, et je te dirai qui.... — Grâce de vieux adages, ma chère bonne.—C'est dans ces maximes que l'on trouve les véritables règles de conduite. — Cela est possible ; mais pour répondre en un mot, je ne veux point faire ma société de M. d'Orsonville ; qu'il m'apprenne l'anglais, voilà tout ce que je demande de lui. Et j'entrai dans ma bibliothèque, dont je fermai la porte sur moi. Ursule fut étonnée de cette réplique, et comprit que j'avais pris mon parti de ne vouloir recevoir aucune remontrance. En effet, je m'étais dit que je ne devais point à Ursule le sacrifice de ma volonté ; qu'elle n'avait aucun droit sur moi ; que je lui devais assistance, afin qu'elle eût près de moi la vie la plus douce, la plus commode, en considération des soins qu'elle avait us de mon enfance ; mais non le sacrifice de ma liberté, que je voulais exclusivement garder.

L'heure du dîner arriva. Ursule le servit ; et, contre l'ordinaire quand nous étions seules, elle ne mit qu'un couvert. Est-ce que tu ne dînes pas ici? lui dis-je.—Je n'ai pas faim.—Es-tu malade?—Non.—Je n'ajoutai pas un mot; et je mangeai du meilleur appétit. Dès que j'eus dîné, je mis mon chapeau et mon schal, pour aller me promener. — Attendez donc que je m'habille, j'irai avec vous. — Si cela t'amuse, je le veux bien. Elle hâta sa toilette, et nous allâmes aux Tuileries. Le temps était fort beau. Ursule, comme nous l'avons dit, avait de l'esprit naturel ; elle m'amusa par des remarques malignes sur tout ce qui passait devant nous. Il y avait environ une heure que nous étions assises dans l'allée des tilleuls, lorsque j'aperçus les deux officiers qui avaient voulu nous disputer notre voiture. Ils me reconnurent aussitôt, et, ce qui fut assez plaisant, c'est qu'ils reconnurent aussi mademoiselle Planier : car, comme je l'avais imaginé, ils étaient du nombre de ceux à qui ma pauvre bonne avait donné mon signalement et celui de Rosalie. Ils firent deux tours d'allée en nous regardant, et j'entendais qu'ils se disaient : C'est bien elle ; la vieille l'a retrouvée. Ils vinrent prendre des chaises près de la mienne, et ils adressèrent la parole à Ursule : — Vous êtes bien plus tranquille aujourd'hui, Madame, que le soir où nous vous rencontrâmes à la porte Jaune. — Vous les avez vues ? — A Saint-Cloud, repris-je à voix basse. — Je crois me le rappeler. — Vous étiez plus communicative, la douleur que vous causait la perte de vos charmantes filles..... — Vous leur avez donc dit que vous nous aviez perdues ? — Hélas ! savais-je ce que je disais, j'étais comme une folle.—Vous n'avez donc retrouvé que Mademoiselle? et qu'est devenue sa jolie sœur?— Allons, ma bonne, la retraite est battue. — Sans nous dire un mot! — Quelle sévérité! reprenait l'autre. — C'est la maman qui impose. Ce dialogue me déplaisait. Je me hâtai de sortir par la grille qui mène à la rue du Dauphin; nos officiers nous suivirent. — Au moins nous saurons où elles logent. Je pressais le pas toujours tardif de mademoiselle Planier, et nous arrivâmes à la porte, qui était ouverte, parce que la femme du portier travaillait dans la rue. Je me hâtai d'entrer et de monter chez moi. L'un des officiers voulut arrêter Ursule pour savoir, disait-il, des nouvelles de sa seconde fille. — Ces demoiselles ne sont point mes filles, répondit ma gouvernante; ces demoiselles ne sont point sœurs, et je vous déclare que vous perdez votre temps à suivre celle-ci, parce qu'elle n'a rien à démêler avec vous. — Tant pis, car elle est bien jolie. Ursule n'en entendit pas davantage; vint me rejoindre, et me répéta ce qu'elle avait dit. Nous sûmes le lendemain que ces officiers avaient fait beaucoup de questions à la portière, qui, suivant l'usage des gens de cette classe, lui dit tout ce qu'elle savait et ne savait pas. Je mis peu d'importance à cette rencontre; et après avoir fait un peu de musique, et cherché ma grammaire anglaise et mon dictionnaire, pour qu'ils fussent prêts pour la leçon du lendemain, je me couchai et dormis très-tranquillement.

CHAPITRE X.

Monsieur d'Orsonville devait venir à dix heures. Je me levai d'assez bonne heure : aimant à être chez moi dans le négligé le plus agréable, j'y mettais presque autant de temps qu'à une grande parure ; de sorte que je ne venais que de prendre le chocolat, quand M. d'Orsonville arriva. Je remarquai, car que ne remarque pas la femme la moins coquette, qu'il avait mis une très-grande recherche dans sa toilette, et j'en pris plus mauvaise opinion de lui, car quelle raison avait-il de chercher à me plaire ? Et je formai la résolution de lui taire que je connaissais Rosalie, afin de voir de quelle manière il en agirait avec moi. S'il me fait la cour, s'il me dit qu'il m'aime, je lui apprendrai, alors, ce que je sais de mademoiselle Gendron elle-même, et de ses engagemens avec elle. J'ajouterai, en lui défendant de mettre les pieds chez moi, que je vais informer Rosalie de son infidélité. Je vis dans toutes les manières d'Alfred beaucoup de prétentions. Il me fit lire quelques morceaux de Milton ; je conviens que sa prononciation me parut excellente, et qu'il faisait valoir toutes les beautés de ce grand poëte. Je me promis, tant que la conduite d'Alfred ne serait pas trop marquante, de profiter de ses connaissances dans la langue anglaise. Il avait ôté ses lunettes, et je lui fis quelques plaisanteries. — Je ne veux point servir, me dit-il, je me fais passer pour miope afin d'être tranquille. Je pense bien, Mademoiselle, que vous ne me dénoncerez pas ; et je ne veux point qu'un verre importun se trouve entre mes yeux et tout ce que j'ai à voir ici. — Il n'y a rien de fort rare : des meubles simples, des fleurs, et d'assez belles reliures; tout cela, en vérité, ne demande pas une grande attention. Je vis qu'il voulait répliquer, et qu'il s'arrêta. J'avais fait rester Ursule dans mon boudoir; je ne me souciais pas d'être seule avec Alfred.

Deux ou trois leçons se passèrent sans qu'il me dît rien d'où je pusse conclure qu'il n'aimait pas Rosalie ; mais à la quatrième leçon, Ursule étant incommodée, n'était pas encore levée au moment où d'Orsonville arriva : Alfred parut s'animer, et choisissant un morceau d'un poëte anglais, qui célèbre le bonheur de l'amour, après l'avoir traduit avec une grande élégance et récité de la manière la plus tendre ; il ajouta : Voilà, chère Ernestine, ce que mon cœur me dit à tous les instans du jour, depuis celui où je vous ai vue ; vous avez décidé de mon sort, je ne vis, je ne respire que pour vous. Je le regardai de la manière la plus dédaigneuse. Ursule arriva ; il parut déconcerté, et sortit peu de momens après. M. Gendron, qui montait chez moi comme Alfred en descendait, me demanda qui était ce jeune homme ? — C'est mon maître d'anglais, lui dis-je. — Vous les choisissez jeunes et beaux. — Jeune, cela est vrai ; pour beau, je ne trouve pas cela ; il a les traits assez réguliers, mais sa physionomie n'annonce ni bonté, ni sensibilité. Cependant, je ne puis disconvenir qu'il ait beaucoup d'esprit et ne soit un très-bon maître d'anglais ; mais vous me ferez plaisir de prendre sur lui quelques informations. — Qui vous l'a donné ? — Il s'est fait annoncer dans les journaux : voilà son nom et son adresse. Je lui racontai aussi l'histoire des deux officiers. Ah ! dit-il, en me serrant la main avec affection, je sais que tout le monde vous trouvera charmante, vous aimera, vous le dira ; mais craignez, ma chère petite, qu'on ne cherche à vous tromper. — Je les en défie bien ; on n'est dupe des hommes, m'a dit souvent mon père, que lorsqu'on laisse engager son cœur, et moi je ne veux rien aimer. — Rien aimer ! ma chère enfant ; pas même votre tuteur ? — Ah ! je n'appelle pas cela aimer ; aimer, c'est avoir de l'amour, et on n'en a pas pour un tuteur qui a quarante ans de plus que vous. — Quarante ans, ma petite! vous me croyez donc bien vieux? — Je ne vous crois pas très-jeune. M. de Nainville m'a toujours dit que vous aviez vingt ans de plus que lui. — Il se trompait, j'en avais au plus douze ou quinze. — Mon père en avait quarante quand j'ai eu le malheur de le perdre, ainsi vous voyez que c'est bien mon compte. — Supposez que j'aie cinquante-cinq ans, je suis de la meilleure santé possible. — Vous aurez le temps de voir marier les enfans de Rosalie. A propos, donnez-moi donc de ses nouvelles, de celles de madame Gendron. Ah! c'est une femme charmante! encore belle, elle a au plus trente-six ans. — Je crois que oui; mais que fait l'âge de ma femme, sa beauté, avec ce que je vous disais? — Cela a beaucoup de rapport; il est heureux que vous soyez aussi bien conservé, car ayant beaucoup plus d'années que madame Gendron, vos âges ne paraissaient point cependant très-disproportionnés, et vous pouvez encore espérer plusieurs années de bonheur dans le sein de votre famille : je désire d'en être témoin ; car j'ai pour vous et votre aimable compagne la tendresse d'une fille, j'aime Rosalie comme ma sœur. — Je gage que de nous trois, je suis celui que vous aimez le moins ? — Cela pourrait bien être, et c'est tout simple. — La raison ? — C'est que les femmes sont, en général, plus aimables que les hommes. — Voilà ce qui ne me paraît pas prouvé, et vous aimez pourtant votre maître d'anglais. — Moi, aimer un homme que je ne connais point, dont j'ignore la famille, le pays! Mon Dieu, non, je ne l'aime point. — Je gage que vous avez été bien aise que ces officiers vous aient reconnue? — Pas le moins du monde, j'aurais tout autant aimé que cette petite folie n'eût été sue de personne. — Oui, mais si ces officiers avaient passé auprès de vous et ne vous eussent pas reconnue, votre amour-propre en eût été choqué. — Je ne le crois pas, je mets fort peu de prix aux hommages que l'on me rend : ne voulant point y répondre, à quoi cela me sert-il ? — Vous ne penserez pas toujours de même. — Toujours. — Ah ! nous verrons ; en tous cas, ma chère enfant, vous avez raison. Rien d'aussi difficile que de vous marier. Les hommes veulent de la fortune ; et qu'est-ce que cinquante mille francs qui font tout votre avoir, sans aucune espérance ; et puis vous ne serez jamais aussi heureuse que vous l'êtes.

Comme je vis dans quelle intention il me parlait ainsi, je voulus le dépiter, et je l'assurai que si je fuyais l'amour, je n'avais cependant point renoncé au mariage ; et que ce n'était pas à seize ans et demi que l'on prenait une semblable résolution. Il se mordit les doigts et parut piqué de mes réflexions sur son âge, et de mon intention de choisir un époux. Après un moment de silence, je lui dis : Apprenez-moi donc des nouvelles de ces dames. — Elles se portent bien, et m'ont engagé de vous prier de venir passer une journée avec elles, et si vous voulez, je viendrai vous prendre dimanche. — Je ne demande pas mieux. Il m'embrassa, c'était son usage depuis mon enfance ; mais je crus voir qu'il était troublé, et je ne parus pas m'en apercevoir.

Comme je voulais qu'Ursule n'eût

auprès de moi d'autres occupations que celles qui pouvaient la distraire sans la fatiguer, j'avais pris une femme pour les gros ouvrages, qui ne passait que quelques heures dans la maison ; elle vint ce jour là, tenant dans sa main une lettre à l'adresse de mademoiselle Ursule Planier, chez mademoiselle de Nainville, rue de la Sourdière. Ma gouvernante, croyant que c'était d'une de ses sœurs qui demeurait à la place Royale, ouvrit la lettre, et vit qu'elle était signée : *Le Chevalier d'Herbain.* — Je ne connais pas ce nom. — C'est un bien joli jeune homme, dit Madelon (on appelait ainsi la femme dont j'ai parlé); il m'a remis sa lettre lui-même, avec une belle pièce de cent sous. — Ah ! ma bonne, qu'as-tu fait ? c'est sûrement l'un de ces officiers ; il ne fallait pas ouvrir la lettre, il fallait la rendre cachetée.—La rendre, c'est bien dit ; il n'est pas resté là, il m'a seulement dit que si je lui portais la réponse, il me donnerait une autre pièce, mais de vingt francs au lieu de cinq. Je pris alors la parole et m'adressant à Madelon : Je veux croire, ma chère, que vous n'avez pas senti la bassesse du service que le chevalier d'Herbain vous demandait ; reprenez sa lettre, vous lui direz que je ne l'ai pas lue, que je n'en lirai aucune, et que je le prie de cesser ses poursuites ou que mon tuteur se plaindra à son chef. — Ah ! Mademoiselle, comment voulez-vous que je lui dise cela ; croyez-vous qu'il me donnera mes vingt francs comme si je lui portais une réponse bien tournée ? et, comment paierai-je mon terme ? Et elle se mit à pleurer. Je tirai de mon secrétaire une pièce d'or, je la remis à Ursule et la priai de faire le compte de Madelon, et je défendis à celle-ci de remettre le pied chez moi. Je ne vous croyais que trompée, ajoutai-je, mais je vois que ce n'est pas la première fois que vous faites cet infâme métier : payez votre terme, et tâchez de gagner honnêtement votre vie. Elle pleura, je n'y pris pas garde. Ursule compta avec elle, et lui remit les vingt francs avec ce qui lui était dû pour son mois. La portière s'offrit pour la remplacer; je lui dis le sujet qui me faisait renvoyer Madelon et l'engageai à se conduire de manière à ne pas éprouver le même sort.

Ursule, qu'on sait être un peu curieuse, avait jeté un coup-d'œil sur la lettre du chevalier d'Herbain, et quand nous fûmes seules elle m'en dit à peu près le contenu. C'étaient des protestations de respect; il m'assurait de la pureté de ses intentions ; il avait, disait-il, de la naissance, de grosses espérances, un avancement certain ; mais il était dans la dépendance d'un tuteur, il ne pouvait encore prendre d'engagemens ; mais il serait majeur avant six mois, et en attendant, il ne demandait d'autre bonheur que d'être admis à me faire sa cour. Ursule jugea, comme moi, qu'il n'avait, au contraire, que de mauvaises intentions, et m'engagea à ne pas sortir seule pendant quelque temps. Je le lui promis, et, en effet, je convins qu'elle avait raison. Récapitulant ensuite tout ce qui s'était passé dans la matinée, je vis, en comptant sur mes doigts, que j'avais reçu trois déclarations depuis dix heures du matin jusqu'à deux heures : si cela continue, dis-je, ce sera environ mille par an ; c'est assez pour lever un régiment. Ursule ne put s'empêcher de rire de cette folie. Nous allâmes le soir au petit Coblentz et nous y vîmes d'autres originaux. A peine étions nous assises, que d'Orsonville vint me demander de mes nouvelles, et prit assez cavalièrement une chaise auprès de nous. Il me fit remarquer une femme qui avait au moins trente ans; mais dont les restes de beauté semblaient résister aux années : vous voyez, me dit Alfred, dans Amélie, la preuve qu'un peu d'art fait grand bien; et ce teint si fleuri n'est-il pas de ceux dont Boileau a dit :

Attends, discret mari, que la belle en cornette,
Le soir ait étalé son teint sur sa toilette,
Et dans quatre mouchoirs, de sa beauté salis,
Envoie au blanchisseur ses roses et ses lis.

C'est son mari qui est près d'elle ; c'est ce petit homme maigre, à figure chafouine, décoré, et ayant des manières qui ne sont point celles d'un soldat parvenu. Il a de l'humeur, et il est présumable que ce qui l'excite, ce sont ces trois ou quatre hommes qui causent avec sa femme. Vous entendez comme elle rit aux éclats; et quand elle se souvient que son mari est là, elle lui fait quelques agaceries, comme pour mettre son amour-propre à l'aise. — Qui vous a dit tout cela? repris-je. — Qui me l'a dit? Ma pénétration : voilà long-temps que je connais ce couple; rien d'aussi original. La femme dit du mari tout le mal possible; cependant, elle est sans cesse occupée de son avancement. On le croirait son meilleur ami, et peut-être ne se tromperait-on pas, car elle l'a aimé à l'idolâtrie; mais elle cède à la mode, et croit qu'une femme de qualité ne peut s'en tenir à son époux; que cela serait trop bourgeois. Du reste, elle est assez bonne femme, et toutes les fois qu'elle suppose qu'on aura les moyens de lui marquer sa reconnaissance pour quelque service qu'elle peut vous rendre, elle met le plus grand zèle dans ses sollicitations ; mais malheureusement son crédit baisse avec ses appas ; et elle a si peu de considération maintenant, que je ne conseillerais à personne de faire d'avances, elles pouraient bien être perdues. C'est une chose singulière qu'il faille avoir une bonne réputation pour réussir à obtenir des grâces qui la font perdre. Ces femmes qui assiégent les bureaux et croient qu'à force de toilette et de manières agaçantes elles forceront les chefs de divisions à faire ce qu'elles veulent, se trompent fort ; on sait ce qu'elles ont à offrir, et on n'en veut plus ; c'est ce qui arrive

à la pauvre Amélie. Quand elle était jolie, qu'on la croyait sage, on mettait un prix extrême à lui plaire; à présent, c'est tout autre chose......
J'écoutais de toutes mes oreilles. Mon père ne m'avait point parlé de cette espèce de femme, que je n'ai que trop rencontrée dans la société. J'avoue que je croyais que M. d'Orsonville exagérait, et ce ton caustique acheva m'éloigner de lui.

Les hommes qui avaient paru s'occuper d'Amélie, ayant vu arriver une toute jeune et jolie femme, s'éloignèrent du couple marital qui, n'ayant rien de mieux à faire, s'amusa à se quereller, et enfin se retira. J'aurais bien voulu que M. d'Orsonville en fît autant; il ne me plaisait pas d'être vue avec lui dans les rues de Paris, avant de savoir précisément qui il était; mais ce n'était pas son projet : il m'offrit son bras ; je ne devais pas le refuser, car c'eût été passer pour bégueule, ce que je redoutais infiniment. Il me conduisit ainsi jusqu'à ma porte, et s'excusa s'il ne montait pas, étant invité chez l'archi-chancelier. Je fus fort aise d'en être débarrassée, non qu'il n'eût beaucoup d'esprit, mais je n'en connais pas de plus fatigant que celui qui exerce une critique continuelle. **Je** trouvai, en rentrant chez la portière, le nom du chevalier d'Herbain, qui était venu pour me voir. Je recommandai à madame Topin, ma vénérable portière, de ne jamais laisser monter le Chevalier, et en général aucun homme, excepté mon tuteur et mes maîtres ; car j'en avais repris un de piano, voulant porter mes talens aussi loin qu'il me serait possible.

CHAPITRE XI.

JE me retrouvais toujours avec délice dans mon charmant logement, et je ne pouvais m'empêcher d'être reconnaissante des soins que mon tuteur avait pris pour le faire arranger; mais quand je pensais qu'il était amoureux de moi, toute reconnaissance, toute amitié s'effaçaient de mon cœur; il me paraissait si ridicule, que je ne pouvais lui pardonner cette extravagance.

J'étais prête à en faire une qui devait me causer de nouveaux embarras. Madame Planier avait pris l'habitude chez mon père de lire le journal : elle aimait à être au courant des affaires politiques, et tout le monde sait que l'on en connaît les plus secrets ressorts quand on lit les journaux (*). Je ne voulais donc point la priver de cet immense avantage, et je m'abonnai au journal des *Debats*, dont le malin et spirituel feuilleton m'amusait. Le matin, j'avais lu l'article des spectacles, et je vis que l'on donnait *Britannicus*. J'avais entendu dire que Talma jouait le rôle de Néron avec une supériorité qui ôtait, à ceux qui avaient vu remplir ce rôle à Le Kain, l'idée que ce grand acteur ne pouvait être remplacé. Je dis à Ursule : On donne aujourd'hui un beau spectacle, *Britannicus* et *la Jeune Indienne*. —

(*) M. de Chavigni, ministre des affaires étrangères, ne croyait une nouvelle que lorsqu'elle avait été annoncée dans les gazettes.

J'en suis bien aise. — J'aurais envie d'aller à la Comédie Française. — Avec qui? — Avec toi, ou toute seule s'y tu ne veux pas y venir. — Pour y aller, vous savez bien que ma religion me le défend. — Ma bonne amie, nous sommes convenues de n'avoir aucunes discussions théologiques; tu es persuadée que tu ferais une grande faute en allant à la comédie? — Oui, certainement, et bien plus grande en vous y menant; et vous, qui citez avec raison M. votre père, vous y a t'il conduite une seule fois? — Non; mais par un autre motif que celui qui vous empêche d'avoir cette complaisance. Il était persuadé que l'air des salles de spectacles est très-malsain, et par conséquent fort dangereux dans l'enfance; que les représentations théâtrales causent des sensations beaucoup trop profondes pour des êtres dont les forces physiques et morales ne sont pas encore développées; et qu'enfin, le spectacle étant un fort grand plaisir, mais sur lequel on se blase aisément, il était sans aucune raison d'user le goût des enfans pour le théâtre, dans l'âge où ils ne peuvent sentir toutes les beautés de nos auteurs scéniques; aussi ne comptait-il me mener à la comédie qu'à dix-sept ans. Je suis près de les avoir, et je veux aller aujourd'hui à *Britannicus.* — Je vous le repète, vous n'irez pas avec moi. — C'est bien. Je n'en dis pas davantage. Je dînais régulièrement à cinq heures: à cinq heures et demie, il n'était plus question de rien; madame Topin ôtait le couvert; ma gouvernante entrait dans le salon, prenait son ouvrage et s'endormait environ pour une heure. Je passai dans ma chambre à coucher : je prends mon schal, mon chapeau, mon sac, mes gants; je sors par la porte qui communiquait de ma chambre dans l'antichambre, sans traverser le salon; j'ôte la clef de la porte d'entrée, je la remets en descendant à la portière, et lui dis que si mademoiselle Planier me demandait, elle repondît que j'étais allée à la Comédie Française; puis marchant sur la pointe du pied pour ne pas salir mes jolis souliers, j'arrive à la porte du spectacle. Je n'y avais jamais été, comme on sait ; et ainsi j'ignorais entièrement quelle place convenait aux femmes. J'avais entendu dire à mon père que la meilleure était l'orchestre, et je ne me doutais pas que peut-être pour cette raison même les hommes n'en eussent banni les femmes ; excepté celles qui tiennent au théâtre par elles-mêmes, par leurs maris ou par leurs amans, qui leur donnent des billets; jamais les femmes ne s'y placent, si ce n'est aux premières représentations où l'affluence des spectateurs fait déloger les musiciens; car une pièce nouvelle, dont on ne connaît ni le sujet ni le nom de l'auteur, donne plus de recette que *Cinna*, *Iphigénie*, ou même *Manlius*, joué par Talma. Mais comme *Britannicus* est du grand siècle, il y avait de la place; je m'aperçus en entrant qu'il y avait peu de femmes; toutes me regardaient avec l'air de l'étonnement et de la curiosité. Je vis que ces dames avaient ôté leurs chapeaux, j'ôtai le mien; je n'y perdais pas, j'avais les plus beaux cheveux qu'on pût voir, et Ursule les arrangeait avec un art infini. J'étais venue trop tôt; il n'y avait encore personne dans les loges, les galeries se remplissaient lentement. La salle me parût belle; elle n'était encore qu'à demi éclairée. On alluma, et les acteurs venaient de temps à autre regarder au travers de la toile si la salle se remplissait. Le parterre, impatient de jouir, commençait cet infernal bruit des cannes et des battemens de mains, si funeste aux pièces nouvelles et aux débutans, et qui vraiment m'effraya. Enfin, pour calmer cette pétulance, on fit entendre ce qu'on appelle de la *musique*, qui me parut si mauvaise, que j'aurais bien fait tapage à mon tour pour faire taire ce triste orchestre. Quelques personnes du parterre furent de mon avis, et le tintamarre recommença. On céda enfin à l'empressement du public, et le rideau se leva. Alors le silence le plus absolu régna dans toute la salle. Je fus frappée de la dignité de la

scène, de la noblesse des décorations :
je me crus transportée dans le palais
de Néron; mais ce fut bien une autre
impression, quand madame Vestris
parut, et commença cette belle scène
d'exposition, que je savais par cœur,
et dont je ne connaissais pas la moitié
des beautés, qu'elle fit toutes valoir.
Cependant, je m'aperçus, dès le premier moment, que la faiblesse des
acteurs secondaires nuisait et nuira
toujours à l'illusion théâtrale ; mais
cette illusion fut à son comble dès
que Talma parut ; ce n'était pas
Talma, c'était l'Empereur romain,
dissimulant encore ses odieux projets,
et flattant, comme un jeune tigre, la
main qui l'a nourri, jusqu'à ce qu'il
se sente assez fort pour la dévorer. Je
ne crois pas avoir rien éprouvé de
semblable à ce que je sentis pendant
l'admirable scène d'Agrippine et de

son fils. Il me parut que le public partageait mon enthousiasme. On eût entendu le bruit du zéphir sur des feuilles de roses. Ce religieux silence n'était interrompu que par des applaudissemens si prolongés, qu'ils nuisaient aux sentimens qui les avaient excités.

Entièrement occupée de suivre Racine dans ce chef-d'œuvre, je n'avais pas pris garde à plusieurs personnes qui étaient entrées depuis moi à l'orchestre, entre autres mes deux officiers de la garde, car ils étaient inséparables ; lequel des deux était le chevalier d'Herbain ? j'avoue que j'aurais été assez curieuse de le savoir. Il y en avait un qui me déplaisait souverainement par son air fat et goguenard, et je ne sais pourquoi j'aurais voulu qu'il fût ce M. d'Herbain, pour le haïr tout à mon aise. L'autre, au contraire, plus jeune que son camarade, avait une physionomie très noble; une douce sensibilité était répandue sur ses traits : je me rappelais que les deux fois que nous nous étions rencontrés, ce n'était pas lui qui avait porté la parole, et qu'il avait toujours eu l'air de condamner les manières trop familières de son camarade. Je vis dans ce moment que lorsqu'il m'aperçut il parut affligé, et je n'en savais pas la raison. Le plus âgé, au contraire, me salua d'un air de connaissance, dit quelques mots à l'oreille de celui en qui mon imagination craignait de voir le chevalier d'Herbain, et se mit à rire. Comme ils se trouvaient à un bout de l'orchestre, et que j'étais à l'autre, j'espérais qu'ils ne me rejoindraient pas; et d'ailleurs, que pouvais-je craindre? j'étais trop bien entourée pour rien appréhender de deux hommes dont j'arrêterais les entreprises d'un seul mot, en demandant protection au commandant du poste ; mais je ne savais pas qu'une jeune fille, qui vient seule à l'orchestre, ne pouvait pas inspirer une grande considération. Je me tenais donc très-tranquille lorsque, dans le dernier entre acte, les deux officiers saisirent l'instant où plusieurs hommes étaient allés au foyer, gagnèrent la banquette où j'étais, et vinrent s'asseoir à mes deux côtés. Le chevalier d'Herbain (car en effet c'était lui qui était le plus âgé), me demanda par quel heureux hazard il me rencontrait seule au spectacle ? Vous avez donc échappé encore une fois à la vieille ? Je ne répondis rien.—Mademoiselle, me dit M. de Saint-Elme (je sus depuis que c'était ainsi qu'il se nommait), Mademoiselle, ne l'écoutez

pas, c'est un fou. — Et lui un hypocrite, ne vous fiez pas à lui ; il fait la pate de velours ; mais gare : s'il voit sa belle, il tire la griffe, *il vous hape,* comme dit Voltaire ; et rien ne pourra vous en tirer, parce qu'il s'avise d'être sentimental, et fait d'un rien une affaire importante : de plus il est jaloux.
—Il me semble, d'Herbain, que je ne t'ai pas chargé de faire mon éloge.
— Non, mais je veux que Mademoiselle sache à quoi se décider ; moi, je suis admirable pour un coup de main ! si vous voulez, ce soir venez souper chez moi......! Je le regardai avec des yeux où se peignaient la plus vive indignation. Saint-Elme se leva, passa de l'autre côté. Je me reculai pour n'être pas auprès du chevalier d'Herbain, et j'entendis son ami qui lui disait : Je crois que tu te trompes ; c'est une femme de province qui ne

sait pas les usages. — A d'autres ! tu vois partout la vertueuse innocence.

Damas parut : il jouait le rôle de Britannicus, et à ces vers :

Oui, Madame, Néron, qui l'aurait pu penser ?
Dans son appartement, m'attend pour m'embrasser.

toute autre idée s'éloigne de moi ; je ne pense plus à ce que disaient Saint-Elme et d'Herbain. Je suis avec le plus grand intérêt le développement de cette belle production du génie. Je frémis, avec Burrhus, du malheur de l'empire d'avoir un maître tel que Néron, et je partage la douleur de Junie. Réellement, je me crus un moment transportée dans les murs de l'ancienne Rome ; mais lorsque le rideau fut baissé, et que le murmure de toutes les voix se fit entendre, l'illusion se dissipa, et je me revis près de deux hommes dont la présence me gênait beaucoup. Eh bien !

me dit d'Herbain, assez haut pour être entendu de ce qui nous entourait, vous décidez-vous ? car je n'aime pas les incertitudes : je vous sacrifierai une femme charmante, qui m'adore ; elle m'attend ce soir, parce que son mari est absent pour trois jours ; je me ferai une querelle affreuse, mais n'importe : vous êtes si jolie, si fraîche ; et puis, elle n'en saura rien. — Cette pauvre femme, comme tu la trompes ! dit Saint-Elme. — Je lui rends ce qu'elle fait à son mari.— C'est la justice distributive. — D'ailleurs, écoute, je te la céderai. — Je te remercie, elle ne pourrait me convenir.—Oh ! non, à toi, il te faut plus que des apparences, il te faut de la vertu. — Oui, c'est le plus grand charme que je puisse trouver dans une femme. — Oh ! bien, tu n'en trouveras guère, car beauté et vertu sont rarement unies. — Ne profère pas ce blasphême. Qui était plus belle, plus vertueuse que ma mère? que la tienne? — Oh! les fils sont un peu de la pâte des maris; ils croient que leurs mères sont des Lucrèces. — Resterons-nous à la petite pièce? — Oui, je veux voir l'actrice nouvelle, on la dit jolie comme un ange ; et puis, il faut bien que nous reconduisions Mademoiselle. Un mouvement d'impatience qui m'échappa, sembla dire que je les en dispensais. — Oh! vous avez beau prendre un petit air boudeur; nous passerons la soirée ensemble. — Je ne le crois pas, dis-je d'un ton fort absolu. — Miracle! elle a parlé; elle a de la dignité, on croirait.....; mais seule ici!.... Je compris enfin que je devais à la place que j'avais choisie, le ton plus que léger du Chevalier, et, peut-être l'air de tristesse de son camarade, qui prenant à moi un plus réel intérêt, était fâché de me voir confondue avec des femmes d'une réputation équivoque. J'aurais bien voulu sortir; mais en cet instant on allait lever le rideau pour la petite pièce, et l'orchestre était plein : il fallait donc attendre la fin du spectacle. Comme je ne voyais dans tout cela rien de mal en soi, je pris mon parti, et tournant entièrement l'épaule à ces Messieurs, je ne m'occupai plus que de la comédie, qui me fit grand plaisir. L'actrice fut trouvée charmante.

Enfin le spectacle finit; et quel fut mon étonnement et ma colère, quand M. d'Herbain, au moment où j'allais sortir, me prit par le bras, et me dit : Vous voudrez bien, mon cher cœur, ne pas aller si vite; c'est avec moi, et avec moi seul, qu'il vous plaira de sortir, ma voiture vous attend. — Quelle est, Monsieur, cette mauvaise plaisanterie? — Voulez-vous faire une scène, Madame, et m'obliger à réclamer mes droits sur vous? — Quels droits, Monsieur? Je faisais de vains efforts pour retirer mon bras, et je cherchais M. de Saint-Elmé; il me semblait qu'il aurait pu me défendre; mais il n'était plus là. Je ne voulais pas absolument me laisser emmener par un homme que je ne connaissais pas, et qui me déplaisait extrêmement. Ce qui me contrariait beaucoup, c'est que tout ce qui m'entourait paraissait se rire de ma peine, et croire réellement que M. d'Herbain avait des droits sur moi. J'avançai toutefois pour arriver jusqu'à la sentinelle, dont je voulais réclamer le secours; d'Herbain me prévint, et dit à un exempt de police, qui se trouvait là:

Voilà une petite personne pour qui j'ai des bontés, et qui vient ici avec un égrefin. Je veux la faire rentrer, ce soir, chez elle, et elle ne le veut pas; je vous prie de lui imposer. — Est-il possible, dis-je, de porter aussi loin l'impudence! Il n'existe aucun rapport entre M. d'Herbain et moi, et je ne veux pas qu'il y en ait aucun : envoyez-moi chercher une voiture, je vous prie, et donnez-moi quelqu'un pour me reconduire chez moi, rue de la Sourdière. — Chez la chère tante?... Non pas, ma poulette; c'est chez vous qu'il faut aller. — J'irai où je voudrai, je ne dépends de personne, et je prétends être libre. — Que vois-je! dit une voix que je reconnus pour celle de mon maître d'anglais, mademoiselle de Nainville! que vous est-il arrivé? Monsieur, je connais parfaitement cette demoiselle,

— Je le crois, reprit d'Herbain en s'efforçant de rire ; mais gardez votre protection pour une autre ; cette enfant m'appartient, et je n'ai pas encore envie de m'en séparer. — Vous êtes un insigne menteur : Mademoiselle est une personne bien née, qui ne dépend de qui que ce soit. — Je vous entends très-bien ; nous verrons plus tard, quand j'aurai reconduit mon joli oiseau dans sa cage. D'Orsonville, bouillant de colère, me prend dans ses bras, et forçant d'Herbain à lâcher le mien, lui dit qu'il se battrait quand il voudrait ; mais qu'il fallait auparavant qu'il me laissât libre. La foule m'entourait, et la querelle s'échauffait entre d'Herbain et d'Orsonville : nous avancions cependant, quand nous nous trouvâmes en face de trois personnes qui me reconnurent avant que j'eusse eu le temps de les apercevoir. Que faites-vous ici, ma chère Ernestine! avec qui êtes-vous?— Seule.— Comment, seule! reprit madame Gendron; c'était elle, son mari et sa fille. — Oui, j'étais venue voir *Britannicus*. — Sans votre gouvernante? — Elle n'a pas voulu venir. — Il fallait nous faire dire que vous vouliez aller au spectacle. — Je vous croyais à Boulogne. —Je vois, dit le chevalier d'Herbain, que je me suis trompé sur le compte de Mademoiselle; mais nous ne nous en verrons pas moins quand vous voudrez, dit-il à d'Orsonville; et ils sortirent. Rosalie, qui avait très-bien reconnu son cher Alfred, ne pouvant douter qu'ils allassent se battre, et se battre pour moi, s'évanouit... En voilà bien d'une autre! dit mon tuteur. En ce moment on vint lui dire que sa voiture avançait; il prit sa fille entre ses bras; et aidé de Philippe, on la plaça dans la voiture. J'y montai avec madame Gendron et son mari, qui me descendirent chez moi, remettant au lendemain à savoir l'explication de toute cette affaire. Rosalie reprenait ses sens; mais ne savait où elle était, ni par quelle aventure je me trouvais dans la voiture. Elle me serra la main, et me dit, comme je l'embrassais : S'il est tué, j'en mourrai !

CHAPITRE XII.

JE n'étais pas à la moitié de l'escalier, qu'Ursule m'avait déjà jointe. — Eh! mon Dieu, quelle inquiétude vous m'avez causée! — Je t'avais fait dire que j'allais à la comédie.—Toute seule? —Quand cela serait? mais tu peux demander à madame Topin si ce n'est pas M. et madame Gendron qui m'ont ramenée. — Je n'ai pas besoin que personne m'atteste ce que vous me dites. Dès que vous étiez avec la femme de votre tuteur, rien de mieux. — Et Rosalie était aussi avec nous. — Vous saviez donc que ces dames étaient à Paris? — Probablement. — Pourquoi ne me l'avoir pas dit? J'ai été dans une inquiétude mortelle. — Je t'engage à ne pas te tourmenter ainsi, car j'ai résolu d'aller et de venir comme il me plaira. Tout en disant cela, je me hâtais de me déshabiller pour me coucher, parce que je désirais être seule pour récapituler les événemens de la journée, et savoir si c'était moi ou l'insupportable d'Herbain qui avait tort. J'aurais bien voulu aussi avoir des nouvelles du combat; et quoique je ne prisse pas d'intérêt réel ni à l'un ni à l'autre, j'aurais été fâchée d'apprendre que l'un des deux eût été tué, quoiqu'en vérité ce ne fût pas ma faute. Enfin, je me demandai : Qu'ai-je donc fait de si extraordinaire? Je suis venue à la comédie, j'ai pris un billet que j'ai bien payé, je me suis placée sur une banquette, je n'ai point fait de bruit, je n'ai gêné, je n'ai distrait personne. Supposons que M. d'Herbain ne se fût pas trouvé à l'orchestre, je serais sortie à la fin du spectacle ; je serais rentrée chez moi à dix heures et demie, fort contente de ma soirée : ce n'est donc pas moi qui suis cause de cette sotte aventure. Pourquoi M. d'Herbain est-il venu me parler ? me dire mille choses offensantes et ridicules, et enfin, vouloir m'emmener ? Si c'est lui qui est blessé, il n'aura que ce qu'il mérite ; mais ce qui me contrarie, c'est d'avoir quelques obligations à d'Orsonville ; car, enfin, il a été le seul qui ait pris ma défense. Je ne crois pas, d'après cela, que je puisse l'accuser auprès de Rosalie ; mais s'il la rend malheureuse, ils s'arrangeront. Je hais de me mêler des affaires des autres ; chacun pour soi ; enfin, il paraît que je suis protégée du Ciel, car je me tire d'assez grands embarras! Mais si l'un des deux est tué.. que dira-t-on? Ils ne le seront ni l'un ni l'autre; pourquoi m'affliger inutilement? Il sera temps de pleurer si le malheur arrive.

D'après toutes ces réflexions, je conclus que je n'avais pas tort. Je m'endormis profondément, et je ne m'éveillai qu'à près de dix heures du matin; encore, ce fut la voix de mon cher tuteur qui rompit mon sommeil.

C'est d'une imprudence! disait-il à Ursule; aller seule au spectacle! voilà ce qu'on n'a jamais vu. — Mais, Monsieur, elle m'a dit qu'elle y avait été avec madame et mademoiselle Gendron. — Cela n'est pas vrai; je n'ai pas vu cela. M. Gendron sachant que j'étais réveillée, demanda s'il pouvait me parler: Ursule entra pour m'habiller. Elle avait l'air toute en colère. Je me pris à rire; il n'y a rien qui déconcerte autant. — Pourquoi dire que vous avez été avec ces dames? — Je n'en ai pas dit un mot; mais seulement que ces dames étaient à la comédie, et qu'elles m'avaient ramenées. — Il paraît que vous avez eu une aventure fort désagréable. — Cela est possible, mais qui ne regarde que moi; et une fois pour toutes, je prie qu'on ne se mêle point de mes affaires. Ursule se tut, et m'aida à passer une robe. J'entrai dans le salon. — Comment va Rosalie? — Assez mal; je n'ai jamais connu de créature aussi sensible. Parce qu'elle a vu que ces hommes, qu'elle ne connaît pas, allaient se battre, elle s'est évanouie; et vous, pour qui ils se sont coupé la gorge, vous n'avez pas eu la plus légère émotion! — Je n'y pouvais rien. — Mais vous pouviez ne pas causer des querelles, en ne vous exposant pas, comme vous l'avez fait; en n'allant pas seule vous placer à l'orchestre, où il n'y a jamais que des filles.....: il est tout simple qu'il vous ait soupçonnée.....— Cela n'est point simple, parce qu'on ne doit jamais juger sur l'apparence.

Le conseil en est bon, mais il n'est pas nouveau.
La Fontaine.

Vous voyez que M. d'Herbain s'est trompé. Mais a-t-on des nouvelles de leur combat?— On dit qu'ils ont été blessés tous deux; d'Herbain plus grièvement que l'autre, que je crois votre maître d'anglais.— Oui c'est lui; s'ils ne sont pas tués il n'y a pas grand mal.—Mais vous ne savez donc pas que rien ne compromet une femme comme d'être cause d'un duel? — Je n'en suis pas la cause; pourquoi M. d'Herbain vient-il me tourmenter : je ne lui en ai point donné l'occasion; et quant à M. d'Orsonville, est-ce moi qui l'ai prié de se mêler de mon différend avec le Chevalier? Cependant, je lui suis obligée de l'intérêt qu'il m'a témoigné ; mais plus au Ciel encore, qui m'a fait rencontrer madame Gendron si à propos.— C'est juste; sans cela, que seriez vous devenue ?— J'aurais appelé le magistrat à mon secours, et il m'eût rendu justice. — Ainsi vous n'avez aucun regret de toute cette affaire ? — Pas le moindre. — Et vous vous exposerez au même danger ? — Oh ! je n'irai plus à l'orchestre. — C'est bien heureux. Ma femme est bien fâchée contre vous. — Elle a tort, car elle ne répond pas de moi ; cette fois je n'ai pas compromis Rosalie; il n'était question que de moi : qu'est-ce que cela lui faisait? Je suis fort sensible à l'amitié qu'on me témoigne ; mais je ne veux point qu'on s'imagine me gouverner. — Savez-vous, Ernestine, que cette indépendance ne convient point à votre sexe? Jamais les femmes n'ont le droit de disposer d'elles. — Eh bien ! moi, je ferai exception ; ne voulant rien faire de contraire à la vertu , je m'embarrasse fort peu de l'opinion ; et comme je ne tiens à personne, je ne prétends pas me gêner. — Mais enfin , je suis votre tuteur et si je le voulais j'exigerais que vous entrassiez dans un couvent. — Je ne le crois pas ; mais ce que je sais bien, c'est que si quelqu'un voulait s'aviser de m'enfermer, je sauterais par-dessus les murs. — Diable , vous êtes bien ennemie de toute contrainte. — Il est impossible de l'être davantage ; je ne connais d'autres entraves que celles qu'impose l'honnêteté : quand vous m'y verrez manquer, mon cher tuteur, je vous permets alors d'user de vos droits. — Vous pouvez, par vos étourderies, vous trouver dans de grands embarras. — Je m'en tirerai; et d'ailleurs, j'acquerrai de l'usage et ne ferai, pas comme hier, la sottise de me mettre à une place où les femmes ne vont pas. — Il y a tant d'autres choses! — Je les apprendrai. — Je vois, chère Ernestine, que vous êtes bien décidée à braver l'opinion, et malheur à vous. Mais enfin, que dirai-je à madame Gendron? — Que je l'assure de mon respect; je vous prie d'embrasser Rosalie pour moi.— Il faut que je le prenne ce baiser, pour le lui donner. — Je n'en vois pas la nécessité. — Si bien moi. Comme je ne voulais pas qu'il prît d'humeur, je l'embrassai d'assez bonne grâce. Il me dit qu'il ferait ma paix avec sa femme, et qu'il m'attendait à dîner. Comme il s'en allait, Alfred entra le bras en écharpe, ce qui lui donnait l'air très-intéressant, ou du moins le croyait-il. — Mon Dieu, lui dis-je, vous avez été blessé ! — Fort peu, et j'aurais reçu une blessure plus grave, que je m'estimerais heureux, puisque ce serait pour vous que j'aurais versé mon sang. — Cela est très-chevaleresque ; mais j'aime mieux que cela ne soit pas ; et M. d'Herbain ? — Il en a pour un mois ou six semaines, dont il enrage ; je sors de chez lui ; il vous adore, à ce qu'il dit, et l'idée de vous avoir offensée le met au désespoir. — Oh ! il peut se tranquilliser ; il m'est si parfaitement indifférent... — Ce n'est pas ce qu'on dit. — Ceux qui disent le contraire en imposent. — On parle d'un voyage de Versailles. — Oui, j'en ait fait un tout exprès pour me trouver avec le chevalier d'Herbain, que j'aime de passion; mais au surplus, monsieur, de quel droit m'interrogez-vous? —J'ai cru, étant votre chevalier, titre que j'ai acheté de mon sang, que je pouvais m'informer par quelles raisons M. d'Herbain se trouvait avec vous à la comédie? — Il ne me plaît pas de le dire. Je pris alors mes livres anglais, et j'ajoutai : Nous en sommes restés là. — Je ne venais pas pour vous donner votre leçon. Des intérêts plus grands m'avaient fait sortir de chez moi, quoique ma blessure me fît infiniment souffrir. Peu m'importe le degré d'intimité que vous avez avec M. d'Herbain; mais il m'intéresse de savoir d'où et comment vous connaissez madame et mademoiselle Gendron. — Vous êtes aujourd'hui sur le ton bien interrogatif; ce qui ne me

7*

convient guere; cependant, je veux bien vous dire que M. Gendron était l'ami intime de mon père, qu'il est mon tuteur; que madame Gendron a de l'amitié pour moi; que Rosalie est ma compagne, mon amie. — Vous a-t-elle dit ? — Quoi ? — Qu'elle me trouve à son goût ? — Vous l'aimez sans doute ? — Avant de vous avoir vue. — Écoutez-moi, M. d'Orsonville; vous auriez le plus grand tort de vous éloigner de mademoiselle Gendron, parce qu'il vous passera de l'esprit que vous m'aimez, parce que je ne vous aime point et n'ai point de fortune. — Ah! si j'avais le bonheur de vous plaire, je vous préfererais à la femme la plus riche. — Je n'en crois rien; mais je vais vous parler franchement : je ne pense pas que M. Gendron vous donne sa fille; elle aura deux cent mille francs en mariage, elle est fille unique, elle a de fortes espérances. — Je pourrais me flatter qu'avec un nom connu, si je pouvais encore disposer de mon cœur.. Il serait possible que Rosalie, qui daigne m'aimer, ambitionnât aussi un titre à être présentée. — Cela serait possible ; mais son père n'en ferait pas grand cas ; et enfin, si vous avez des vues honnêtes, que ne la demandez-vous à M. Gendron? — C'était mon intention. — Pourquoi donc avoir écrit à Rosalie? Croyez-vous que ce procédé soit délicat? — Je n'avais rien à faire, je m'ennuyais, je savais que mademoiselle Gendron avait une tête exaltée, que je lui ferais passer un moment agréable en lui écrivant; et au surplus, si ce moyen m'eût réussi, une fortune considérable m'irait fort bien ; mais je vous le répète, charmante Ernestine, je vous préfère in-

finiment à Rosalie ; et si j'avais le bonheur de vous plaire, et d'être votre époux, nous jouirions des charmes de la douce médiocrité, et nos enfans...
— Vous allez bien vite, M. d'Orsonville ; il y a dans tout cela une grande difficulté : c'est que je ne veux pas me marier. — Encore mieux, sous le charme du mystère nous aurons le sort le plus heureux. — Si je ne veux point d'époux, je veux encore moins d'amant. — Quoi ! jeune, charmante, renoncer aux amours ? — Entièrement ; et si bien, que je vous prie de n'en pas même prononcer le nom. Lisons quelque passage de Pope. J'ai traduit les vers de Milton, que nous avions préparés. Alfred ne se souciait guère de travailler ; mais je l'y forçai, et la seule faveur que je lui accordai, fut de ne parler qu'anglais, parce que je ne voulais pas qu'Ursule entendît

ce que je disais relativement à Rosalie. Il me demanda dans la même langue, puisque je ne voulais point répondre à ses sentimens, de ne pas le perdre auprès de mon amie. — Je suis trop franche pour ne pas vous dire que j'ai détourné, autant qu'il m'a été possible, mademoiselle Gendron de former le projet de vous épouser, parce que je suis sûre que Rosalie ne se préparerait que des chagrins ; et je lui aurais appris le peu de fonds qu'elle pouvait faire sur votre attachement, si vous ne m'en eussiez pas parlé avec une confiance que je ne dois pas trahir. La seule chose que je vous promets, c'est de lui taire vos sentimens pour moi ; mais je crois que votre duel avec M. d'Herbain lui aura donné des soupçons ; elle en a été singulièment effrayée. Vous avez su qu'elle s'est évanouie. — Elle est d'une sensibilité *exquise* ; et vous, cruelle, vous n'avez pas seulement pâli ! Et si j'avais péri dans ce combat ? — J'en aurais été très-fâchée ; mais pouvais-je l'empêcher ? J'ai pour principe, et c'était celui de mon père, qu'on ne doit point s'inquiéter de ce qu'il est hors de nous de prévenir. — Cette morale est commode. — Elle est sage, et c'est la mienne. Je me remis à lire un chant du *Paradis perdu*. Comme je vis que réellement la blessure d'Alfred le faisait souffrir, je l'engageai à rentrer chez lui, et à ne pas sortir qu'il ne fût guéri. — Être tout ce temps sans vous voir ! — Sans voir Rosalie, mademoiselle Rameau, et peut-être beaucoup d'autres... Tenez, M. d'Orsonville, vous avez beau vouloir jouer le sentiment, vous ne m'en imposerez pas. Soyez ce que la nature vous a fait : un homme à la mode, se laissant aimer par les pauvres dupes qui ont la sottise de le croire. Quant à moi, j'estime vos talens pour la langue anglaise, et conserverai toujours de la reconnaissance pour le zèle avec lequel vous avez pris ma défense; cependant, pour ne vous rien cacher, je me suis imaginée qu'il était peut-être entré dans votre conduite avec moi, un tant soit peu de ce desir de célébrité que je crois votre passion dominante. — En vérité, vous avez un démon familier qui vous révèle les pensées les plus secrètes; mais ce desir de célébrité, à quoi tenait-il ? à celui d'être plus digne de vous, et au prix que vos charmes mettaient à votre conquête ! Ainsi, vous voyez bien.... — Je vois que

7**

vous souffrez beaucoup; et le forçant de partir, je le congédiai. Alfred se retira en soupirant. Comme nous n'avions, pendant tout le temps de la leçon, parlé qu'anglais, Ursule n'avait rien su de notre conversation; elle était étonnée qu'Alfred eût le bras en écharpe. Qu'a-t-il donc, votre maître d'anglais? Est-ce qu'il s'est démis le bras. — Non, il s'est battu, et il a reçu un coup d'épée. — Il vous l'a donc dit? — Je n'aurais pu le deviner.

Comme je vis que ma gouvernante allait commencer un long traité de morale contre les duels, je la priai de s'occuper des préparatifs de ma toilette, parce que je voulais m'habiller pour aller voir madame Gendron, chez qui je dînais. Trois heures sonnaient quand je sortis : comme je n'étais pas très-pressée de me rendre chez la femme de mon tuteur, je pensai que le Muséum était ouvert, et que je pouvais aller y passer une heure.

CHAPITRE XIII.

JE déposai mon ombrelle, j'achetai un livre contenant la liste des tableaux, statues, et je montai. Il y avait peu de monde dans la galerie. La première personne que j'aperçus, ce fut madame de Longval, s'appuyant sur le bras de son cher époux. Elle paraissait assez avancée dans sa grossesse, et le Marquis en était tout fier, quoique j'aie su depuis qu'on disait....... mais que ne dit-on pas? Amélie avait un air langoureux; on eût dit que ses beaux yeux avaient versé des larmes. Elle passa près de moi, me regarda avec affectation, et parut me voir avec peine. Son mari, au contraire, eut l'air de la bienveillance, et j'entendis qu'il disait à sa femme : c'est vraiment une tête de *Rubens*: quelle fraîcheur! quel éclat! — Point de régularité dans les traits, répondit madame de Longval? Ils passèrent; et je vis qu'elle hâtait le pas pour sortir, afin que son cher époux n'eût pas l'occasion de me revoir. Je continuais à suivre les numéros, et j'étais arrêtée devant un *Berghem* représentant le paysage d'un gué, dont je connaissais une fort belle copie, qui était dans le cabinet de mon père. Les objets qui nous rappellent une enfance heureuse ont un grand charme dans tous les momens de la vie. L'attention que je mettais à considérer ce paysage, ne m'avait pas permis de voir s'avancer près de moi M. de Saint-Elme. — Toujours seule? me dit-il. Sa voix me fit tressaillir; je me retournai, et crus que je ne devais pas, d'après ce qui s'était passé avec son camarade, rester sans lui répondre; et d'ailleurs, un intérêt vague me le faisait distinguer de M. d'Herbain. Je lui répondis donc : Ayant eu le malheur de perdre mes parens, n'ayant ni frère ni sœur, et d'autre société qu'une vieille gouvernante, je ne vois pas ce qu'il y a de si étonnant que je sois seule. — Heureux, Mademoiselle, celui qui serait choisi pour vous accompagner quelquefois! — C'est, Monsieur, ce que je ne puis vouloir; vivre seule est ma destinée. — Vous pourriez, cependant, embellir celle d'un être sensible. — Vous avez vu, au contraire, Monsieur, que j'ai pensé être cause, bien involontairement, d'un affreux malheur. — C'était la faute de d'Herbain. Je m'étais éloigné, parce que je voyais qu'il aurait fallu, ou partager son extravagance ou me battre avec mon meilleur ami. Je crus que n'étant point soutenu, il abandonnerait son ridicule projet, que je l'avais inutilement conseillé de quitter. Je fus bien touché quand j'appris qu'il s'était battu et avait reçu un grand coup d'épée dans la poitrine. Je volai près de lui, et je ne l'ai pas quitté de la nuit. — On m'a dit qu'il n'y avait pas de danger. — Le chirurgien l'assure. — J'en suis fort aise ; vous conviendrez que ce n'était pas ma faute. J'ai su depuis que je ne devais pas être seule à l'orchestre. — C'est ce qui a causé son erreur, et j'avoue, mademoiselle, que je l'avais partagée avec une sensible douleur. D'Herbain m'a dit que vous aviez rencontré une amie qui vous a recueilli au milieu de tout ce bruit ; cette dame est connue pour avoir la meilleure réputation; mais elle a dû vous dire...—Mon Dieu, oui; son mari, qui est mon tuteur, m'a fait ce matin un long sermon sur ce qu'il appelle mon imprudence; et comme je dîne chez sa femme, je ne doute point que je n'en entende le second point. Ainsi, vous voyez que si j'ai eu tort, on me l'a fait bien sentir; mais on a beau faire, on n'enchaînera pas ma liberté.

On vint dire qu'on allait fermer la galerie, et je revins sur mes pas pour rentrer dans le grand salon. M. de Saint-Elme resta près de moi; il me faisait remarquer des beautés qui m'avaient échappées; il me parut avoir un goût sûr et délicat en tout. On sait que je le trouvais beaucoup plus aimable que d'Herbain ; cependant, quand il m'offrit sa main pour descendre, je le refusai et lui dis : Je n'ai point l'honneur de vous connaître; je ne puis, ni ne dois donc vous recevoir chez moi; donnez-moi je vous prie la marque de déférence de me laisser gagner seule la maison de madame Gendron, qui est fort près d'ici.— J'aurais regardé, Mademoiselle, comme un grand plaisir de passer encore quelques minutes avec vous; mais je veux vous prouver que ma soumission pour vous égale l'admiration que m'inspirent vos charmes. Il me salua très-respectueusement, et me laissa seule prendre le chemin qui conduit aux Tuileries, que je traversai très-vite, et sans aucun inconvénient j'arrivai à la porte de madame Gendron. On me fit entrer dans le salon, où Rosalie vint me joindre; elle m'effraya par l'altération de ses traits. On voyait qu'elle avait pleuré toute la nuit; me rappelant aussi que madame de Longval avait les yeux rouges : il serait plaisant, me dis-je, que ces deux dames eussent le même sujet de chagrin ; et que l'issue de ce combat les eût fait trembler toutes deux pour l'un ou l'autre champion, peut-être pour le même. J'avais fait cette réflexion si rapidement, qu'elle était terminée avant que Rosalie eût eu la force de me parler, tant elle était émue. — Ah ! dit-elle enfin, chère et cruelle rivale, vous m'avez donc enlevé d'un seul regard le cœur de mon Alfred ; et il m'a fallu tout à la fois apprendre qu'il m'était infidèle et trembler pour ses jours ! Aussi je n'ai pu soutenir tant de maux réunis, et vous avez vu dans quel état voisin de la mort ils m'ont jetée. — J'en ai été désolée ; mais comme nous n'aurons pas beaucoup de temps pour nous expliquer, je commence par te dire que M. d'Orsonville n'a pris ma défense que comme il eût pris celle d'une autre; qu'il est mon maître d'anglais, comme je te l'ai écrit; et que me voyant dans l'embarras, il a cru devoir défendre son écolière : du reste, il n'a point changé pour toi, à ce qu'il dit; et quant à moi, je ne l'aime point, et ne l'aimerai jamais, ni lui ni d'autres. Tranquillise-toi donc; il n'est que fort légèrement blessé, et m'a paru décidé à te demander à ton père. Nous n'eûmes pas le temps d'en dire davantage. Madame Gendron entra; elle voulut prendre avec moi un air grave et imposant, comme à notre première aventure; mais les circonstances étaient fort différentes; aussi je pris la chose beaucoup plus légèrement. M. Gendron m'a dit, Madame, que vous aviez eu la bonté d'être affectée de l'aventure d'hier;

Je vous remercie de votre intérêt ; heureusement cette affaire n'a pas eu de suites.... — Aucune ! et ce duel ? — Quand personne ne meurt, cela n'est rien. — Vous avez, Mademoiselle, des manières de penser si extraordinaires, qu'on n'a rien à vous dire ; cependant, si vous n'y prenez pas garde, deux ou trois petites aventures pareilles vous perdront, et il ne sera plus possible à vos meilleurs amis de vous voir. — Je ne forcerai jamais personne à me recevoir ; et sûre de mériter toujours l'estime des gens vertueux, je plaindrai ceux qui prendront des préventions pour des vérités. — C'est fort bien, Mademoiselle ; mais quand on a une fille à marier. — Je vous entends, Madame ; et reprenant mon ombrelle, je me levai ; saluant avec une certaine fierté, je fis un pas pour sortir. Rosalie me barra le chemin, et dit à sa mère : Elle veut nous quitter ! —Vous avez, ma chère amie, me dit madame Gendron, une inflexibilité de caractère que je n'ai vue qu'en vous ; mais il faut bien vous céder, et vous demander excuse, quand c'est vous qui avez tort. — Je ne demande point cela; mais je ne serai jamais de trop nulle part.

Je restais toujours debout ; Rosalie me tenait les mains et me suppliait, par les regards les plus tendres, de ne pas sortir, quand son père entra. Madame Gendron, qui ne connaissait que trop le faible de son mari pour moi, ne voulut pas avoir l'air de s'être mal conduite. Elle engagea son mari à me faire entendre raison, et à ne pas me laisser aller à des mouvemens de susceptibilité qui affligeaient mes amis. Elle ne veut pas dîner ici, dit Rosalie.

— Comment de l'humeur, ma chère pupille? — Je n'ai point d'humeur; mais quand je crois déplaire, je me hâte de me retirer. — Et moi, comme votre tuteur, je vous le défends : allons, ma chère amie, dit-il à sa femme, embrassez cette jolie enfant; elle est un peu mutine, mais du reste, charmante. — Oui, charmante, dit tout bas madame Gendron; et elle m'embrassa, ainsi que mon tuteur. — Et vous aussi? dis-je à M. Gendron. Rosalie, toute enchantée que la paix fût faite, vint me serrer dans ses bras, et m'emmena dans sa chambre sous prétexte de me faire voir un dessin que son maître lui avait apporté, mais dans le vrai, pour me parler d'Alfred, et me faire voir une nouvelle lettre de lui, où il la remerciait, dans les termes les plus passionnés, de l'intérêt qu'elle lui avait montré au moment de son combat; il lui en apprenait la cause à peu près comme je la lui avais dite; ce qui l'avait entièrement rassurée. Je lui répétai que rien n'était plus dangereux que cette correspondance, et que le maître de dessin était un bien malhonnête homme de s'y prêter. Rosalie, au contraire, le trouvait le meilleur qu'il fût possible de connaître; et il en arrive toujours ainsi : on ne juge que d'après ses intérêts. Nous rentrâmes dans le salon. On dîna. Madame Gendron avait une loge à l'Opéra; elle me proposa d'y venir; j'acceptai, et ces dames me ramenèrent chez moi. Quelle singulière chose! disais-je le soir à Ursule; aller à la comédie ou à l'Opéra seule ou avec d'autres femmes, c'est toujours la même action, fort indifférente en elle-même : eh bien! hier une fantaisie d'aller voir Talma, dans le rôle de Néron, a pensé coûter la vie à deux hommes, tandis qu'aujourd'hui personne ne m'a rien dit, et me voilà rentrée chez moi sans le plus petit inconvénient. Allons, il faut absolument, dis-je à Ursule, dès que tu ne veux pas venir avec moi au spectacle, que je me lie avec quelque jeune femme pour aller dans les endroits publics, puisqu'on ne peut y aller seule. — Il faut encore une grande précaution dans le choix d'une amie; il faut une femme qui se respecte, et qui ait les mœurs les plus pures. — Cela va sans dire. — C'est plus rare qu'on ne pense. — Je crois, au contraire, qu'il y a beaucoup plus de vertus qui survivent à leur réputation que l'on ne l'imagine. Par exemple, j'ai vu ce matin Madame la Marquise de Longval au Muséum avec son mari; elle a l'air le plus décent, et je suis bien sûr qu'il n'y a pas deux mots de vrai de tout ce que dit M. d'Orsonville. — Cela est possible ; mais elle a sûrement donné lieu à ces discours par des imprudences, et elles suffiraient pour qu'une très-jeune personne comme vous se ne liât pas intimement avec elle. — Je ne crois pas que cela soit, car je n'ai aucun rapport avec sa société.

Je continuai à prendre des leçons d'anglais. Le bras d'Alfred était parfaitement guéri. Je le pressais de rompre sa dangereuse correspondance avec Rosalie, ou de la demander en mariage ; mais il avait de fortes raisons pour ne faire ni l'un ni l'autre. On se rappelle que j'avais engagé M. Gendron à prendre des informations sur M. d'Orsonville. Je ne m'en souvenais plus, lorsqu'un jour mon tuteur arriva chez moi, en riant : Ah !

dit-il, vous allez voir ce qu'est votre défenseur, le chevalier d'Orsonville ; voici la note que j'ai reçue de la Police sur ce personnage :

« Alfred d'Orsonville, fils d'un
» maître d'hôtel de M. le duc de***,
» passa en Angleterre, avec son père,
» qui avait suivi son maître à Lon-
» dres. Le Duc le prit en affection,
» et lui fit donner la meilleure édu-
» cation. Le bienfaiteur de cette fa-
» mille mourut. Le jeune d'Orson-
» ville vint à Paris, où il se fait passer
» pour être de la famille du marquis
» d'Orsonville ; connu sous ce nom,
» il a obtenu des crédits assez consi-
» dérables. On l'a déjà averti de ne
» pas trancher du grand seigneur,
» dans la crainte qu'on ne le force
» d'habiter le grand Château. Il donne
» des leçons d'anglais, et s'est battu
» il y a quelques jours pour une de

» ses écolières, qu'on avait insultée
» à l'orchestre de la Comédie Fran-
» çaise. »

Après avoir lu cette note, je dis à mon tuteur : Je m'en étais doutée ; cependant, je ne vois rien dans tout ceci qui m'empêche de le garder comme maître d'anglais. Je ne lui prêterai point d'argent; je ne veux point l'épouser : ainsi, peu m'importe qu'il soit ou non de la maison d'Orsonville. M. Gendron fut de mon avis. Mais je pensai que si le malheureux d'Orsonville demandait la main de Rosalie, il aurait un congé en bonne forme ; et je me promis de l'en détourner, si je pouvais. Le lendemain il vint me donner ma leçon. J'ai beaucoup de choses à vous communiquer, lui dis-je ; je vous ai promis de ne point trahir vos secrets vis-à-vis de Rosalie, et vous me rendrez la justice que j'ai gardé scrupuleusement ma parole. — J'en conviens ; mais croyez que j'y tiendrais bien moins qu'à vous voir changer de résolution. — Je n'en changerai point; mais je crois devoir vous assurer que vous ne réussirez pas à obtenir la main de Rosalie; son père la mariera incessamment. — Je ne crois pas que je doive craindre de rivalité : ma naissance..... — J'eus peine à ne pas sourire. Je répondis : Il fait peu de cas de la naissance. — Je suis aimé. — Cela ne suffit pas; vous avez des ennemis, on dit du mal de vous. — Je saurai faire taire des insolens.... — Si j'étais de vous, monsieur Alfred, je m'en tiendrais à mademoiselle Rameau ; elle a une Maison d'Éducation fort belle ; vous serez professeur d'anglais...... — Voilà, en vérité, pour le marquis d'Orsonville, un bel état !

— Il n'a rien que d'honorable. — Cela ne peut pas se comparer avec celui que je pourrais tenir en épousant mademoiselle Gendron : je sais bien que je me mésallie ; mais la dot tient lieu de titre. — Mais comment avez-vous pu préserver les vôtres au moment de l'émigration de M. le *Marquis, votre père?* — Il les avait fait mettre dans une boîte de plomb, au pied d'un arbre de la forêt qui couvrait notre antique demeure. De retour en France, j'ai trouvé mon château abattu, mes bois coupés, et j'ai eu toutes les peines du monde à retrouver la place où était renfermée ma généalogie. Enfin, je l'ai découverte ; et plus riche de ces glorieux témoignages de mon illustre origine, que je ne l'aurais été de mes domaines, j'abandonnai, sans regret, ceux-ci aux acquéreurs, ne voulant plus tenir mon existence que de mes talens. Vous imaginez bien que l'illustre origine du fils du maître d'hôtel me réjouissait. Voyant que je ne pouvais le détourner de son projet, je l'abandonnai à son malheureux sort, et je ne m'amusai point à m'en tourmenter. J'avais fait ce que demandait la reconnaissance : ce n'était pas ma faute s'il s'obstinait à se faire éconduire.

La conversation que j'avais eue avec d'Orsonville pour le détourner de demander Rosalie, ne fit que hâter ce ridicule projet, parce que j'avais piqué son amour-propre. Il écrivit donc à mademoiselle Gendron qu'il était décidé à la demander en mariage. Celle-ci m'en fit part avec une joie extrême. Je l'assurai qu'elle avait tort de se tant réjouir d'une chose qui sûrement ne finirait pas comme elle l'espérait.

Deux jours après, mon tuteur m'écrivit qu'il m'engageait à venir déjeuner chez sa femme; je m'y rendis. Je fus étonnée que Rosalie ne fût pas chez sa mère. M. Gendron me dit : Parlez-nous avec confiance ; savez-vous si ma fille a entretenu quelque correspondance avec son maître d'anglais ? — Je n'en ai point de connaissance. — Eh bien ! croiriez-vous que cet homme a l'audace de la demander en mariage ? Je lui ai répondu en lui envoyant copie de la note de la Police. Si ma fille n'en sait rien, cela en restera là ; mais s'il n'a rien fait que de concert avec elle, il y a bien à craindre qu'un drôle comme lui ne hasarde quelque entreprise qui la perdrait : en conséquence, nous avons résolu que ma femme la menerait dans une terre que j'ai achetée depuis peu, près de Dijon.— Et si vous étiez bien aimable, vous viendriez avec nous, reprit madame Gendron ; vous nous aideriez à désabuser cette pauvre petite sur le compte de cet intrigant ; elle vous ferait la confidence de ses chagrins, ce qui empêcherait que sa santé ne s'altérât. Je devais beaucoup de reconnaissance à cette famille, et je savais que je ne pouvais la lui témoigner dans une circonstance plus importante. Je promis donc de les suivre en Bourgogne. Il fut convenu qu'Ursule resterait dans mon appartement, et que la fille de la portière y coucherait, afin que si Ursule se trouvait incommodée, elle ne fût pas seule. Madame Gendron me ramena chez moi pour prévenir mademoiselle Planier de ces arrangemens. Ma pauvre bonne pleura en pensant qu'elle serait six mois sans me voir ; mais madame Gendron lui fit entendre raison. Ursule fit ma malle; on la mit sur la voiture de madame Gendron ; j'embrassai Ursule, je l'engageai à ne point s'affliger, à avoir grand soin d'elle, et lui promis de lui écrire une fois par mois. De retour chez elle, madame Gendron envoya chercher des chevaux, fit faire ses malles, et annonça à sa fille qu'elle allait partir pour Chemilly, avec moi, une femme de chambre, et Philippe, qui courrait devant la voiture. Rosalie crut que la foudre tombait à ses pieds; elle fut tellement troublée qu'elle s'écria: Partir ! ô mon Dieu ! partir; et pourquoi ? — Parce que votre père a reçu des lettres de Chemilly qui l'inquiètent ; comme il ne peut y aller, j'y vais à sa place, et je vous emmène, ainsi que votre amie. On vint dire que les chevaux étaient à la voiture. On ne laissa pas Rosalie rentrer dans sa chambre. Son père l'embrassa, et nous dit qu'il nous rejoindrait aux vacances.

CHAPITRE XIV.

Dès que nous fûmes en voiture, Rosalie se couvrit les yeux de son mouchoir, et je vis qu'elle fondait en larmes. — Qu'as-tu, ma chère enfant? lui dit sa mère. Est-ce donc un mal que de faire un voyage dans une bonne voiture, pour arriver dans une fort belle habitation, où nous aurons un voisinage agréable? que regrettes-tu? Ton père viendra nous joindre. Tu as ton amie. Rosalie ne répondit pas et pleurait toujours. Madame Gendron prit le parti de ne plus paraître s'en apercevoir, et causa avec moi. Elle avait de l'esprit, de l'instruction et parlait avec grâce. Je me livrai entièrement au charme de la conversation. Nous courûmes tout le jour. On avait mis dans la voiture une poularde et du vin. Madame Gendron voulut engager sa fille à manger, elle ne voulut rien prendre. Sa mère n'insista pas, et nous n'arrêtâmes qu'à Auxerre, où nous restâmes pour passer la nuit. On nous conduisit dans une grande chambre où il y avait deux lits. Rosalie consentit à prendre un bouillon, et demanda la permission d'aller se coucher. Sa mère ne s'y opposa point. Nous soupâmes tête-à-tête. Madame Gendron m'engagea à occuper le même lit que sa fille. Peut-être vous parlera-t-elle, et alors elle souffrira moins. Dès que je fus couchée, Rosalie me dit tout bas : Je suis perdue, mes lettres sont restées dans ma chambre; mon père les trouvera; et que dira-t-il ? et puis partir sans savoir ce que mon père repondra à la demande que M. d'Orsonville doit lui faire ? — Je doute, ma chère amie, qu'il y consente. — Alors, que deviendrai-je ! — Aies donc un peu plus d'empire sur toi-même ; tu te fais un tort infini. Elle me promit d'être plus raisonnable, et s'endormit. Le lendemain matin elle était moins triste ; elle déjeuna. Nous remontâmes en voiture ; elle fut moins abattue, sa mère lui parla avec bonté ; en arrivant à Chemilly elle était assez calme, et il faut convenir que la situation de ce château était faite pour distraire l'imagination la plus triste, surtout pour Rosalie, qui savait que cette propriété lui appartenait, car c'était sa dot.

On arrivait par une avenue d'une demi-lieue, à une grande grille qui fermait deux cours spacieuses. Le château, placé à mi-côte, était de l'architecture la plus noble : des jardins en terrasses, une forêt couronnant la montagne, donnait à ce paysage quelque chose de majestueux. Rosalie en fut frappée, et un sentiment d'orgueil, que la richesse donne aux âmes peu élevées, lui fit penser que M. d'Orsonville ferait un grand mariage en l'épousant. Quand l'amour calcule la dot, il n'est pas invincible. Quoique fort jeune, je fis cette réflexion, et elle me donna l'espérance que Rosalie serait moins difficile à consoler que je ne l'avais pensé. Elle trouva les appartemens très-bien distribués et meublés avec magnificence. L'appartement de madame Gendron était fort beau. Elle m'engagea à le partager, et fit monter deux lits, pour sa fille et pour moi, dans un fort grand cabinet qui rendait dans sa chambre. Dès que nous fûmes seules, je demandai à Rosalie s'il ne serait pas bien fâcheux de porter en dot une aussi belle propriété à un homme sans naissance et sans état. — Certainement, dit-elle; et si M. d'Orsonville n'était pas d'une haute noblesse, je ne ferais pas la sottise de l'épouser sans fortune et sans état; mais quand il sera mon mari, il obtiendra une place à la cour, et je serai dame du palais. — Bon! dis-je en moi-même, quand elle saura que le *Chevalier* est le fils d'un valet, elle sera bientôt dégoûtée. Dès le lendemain, j'écrivis à M. Gendron tout ce que sa fille m'avait dit. J'en fis part aussi à sa femme.

Cependant Rosalie s'étonnait de n'avoir aucune nouvelle de la démarche qu'elle savait qu'Alfred devait faire auprès de son père; mais plus elle se promenait dans le parc de Chemilly, plus elle connaissait l'étendue de cette belle propriété, plus elle trouvait qu'elle faisait à M. d'Orsonville un grand avantage en l'épousant. Enfin, madame Gendron reçut un énorme paquet qui contenait toutes les lettres de d'Orsonville; il y avait joint la note de la Police. La mère de Rosalie me fit voir l'un et l'autre et me chargea d'en instruire sa fille, ne voulant point avoir d'explication avec elle; elle me priait de lui dire que tout serait oublié si elle renonçait entièrement à un sentiment qui ne pouvait que faire son malheur. Je mis beaucoup de ménagement dans ma négociation. Rosalie crut mourir quand elle apprit à quel point elle avait été dupe d'un aventurier qu'elle aimait encore, mais auquel elle renonçait sans hésiter. Elle garda le lit pendant huit jours, eut de la fièvre, pleura beaucoup. Sa mère fut bonne, caressante avec elle, et ne lui parla de rien. Enfin, elle écrivit à son père pour lui demander pardon de ses imprudences, et pour l'assurer que jamais elle n'aurait le moindre rapport avec d'Orsonville, qu'elle ne le reverrait de sa vie, et s'efforcerait de l'oublier.

CHAPITRE XV.

J'ADMIRAI avec quelle facilité Rosalie avait renoncé à cet amant que, quinze jours auparavant, elle devait aimer jusqu'à la mort. J'en fus fort aise, car ce que j'ai le plus en antipathie, c'est de me trouver en société avec des gens tristes. J'ai toujours envie de leur dire quelques folies pour les égayer; mais il y a une sorte de dignité de tristesse qui ne permet pas qu'on lui oppose de l'enjouement, quelque envie qu'on ait de rire. J'eus donc un grand plaisir de voir Rosalie traiter un peu lestement ces tendres regrets; et comme je la vis détachée du pauvre Alfred, je l'engageai pour l'oublier entièrement à se livrer aux plaisirs de la campagne. Madame Gendron, toujours assez paresseuse, ne sortait pas beaucoup plus à Chemilly qu'à Boulogne; cependant, il fallait bien faire quelques visites dans le voisinage si on voulait qu'on vînt la voir. Une fort belle dormeuse, avec laquelle nous avions fait la route, et deux chevaux bais que M. Gendron avait envoyés à sa femme, furent destinés à nous conduire de châteaux en châteaux. Le beau champ à mes malignes critiques ! D'abord nous fûmes chez une vieille douairière qui avait chez elle deux nièces, pour le salut de leurs âmes; car on pouvait bien dire que les pauvres créatures faisaient leur purgatoire en ce monde. Il fallait qu'elles fussent sans cesse aux ordres de ce squelette ambulant, dont la manie était de voir tout ce qui se faisait dans sa maison, dans sa ferme, dans son jardin. Ne pouvant se soutenir sur ses jambes, elle prenait le bras de ses nièces et se faisait transporter d'un bout à l'autre de son enclos. Partout elle n'arrivait que pour gronder; rien n'était bien fait, selon elle; ses nièces ne prenaient garde à rien, on la volait, et ces demoiselles s'entendaient avec ses valets pour la ruiner. Ce fut ce qu'elle nous apprit dès les premières visites. Je me souviens toujours de l'extrême envie de rire qu'elle me causa en la voyant. Nous étions arrivées pendant qu'elle était dans ses courses vagabondes. On nous fit entrer dans le salon, meublé du temps de Berthe, et à peine étions nous assises, que nous vîmes venir à nous ce spectre s'appuyant sur les deux jeunes personnes, en passant ses bras décharnés sur leur cou.

Elles le placèrent dans une énorme bergère, et allèrent s'asseoir sur deux tabourets, dans l'embrasure d'une fenêtre; là, elles prirent leur ouvrage et ne levèrent pas les yeux. Après les premiers complimens d'usage : Vous voyez, nous dit la vieille tante, que je suis réduite, par mes infirmités, au sort le plus triste; je ne puis marcher sans le secours de deux bras. J'ai fait venir mes deux nièces, que j'ai tirées de la misère, pour leur assurer près de moi le sort le plus doux, le plus agréable. Eh bien! croiriez vous que ces perronelles, au lieu de me marquer leur reconnaissance par leur zèle pour mes intérêts, s'entendent avec mes valets pour me piller? — Ah! ma chère tante, pouvez vous dire.... — Taisezvous, sottes! quand je viens d'en avoir la preuve.... — Mesdames, ne

croyez pas.... — Vos physionomies donnent trop bonne opinion de vous...,
— Oui, faites-leur des complimens; elles ne sont que trop disposées à se croire des phénix. Le sort de ces jeunes personnes m'intéressa, et je résolus de leur procurer quelque plaisir. On devait donner une fête à Chemilly ; c'était celle du patron du village ; on y venait de trois à quatre lieues ; j'engageai madame Gendron à inviter la tante pour avoir les nièces. Oh! Mademoiselle, il y a plus de dix ans que je n'ai quitté mon château; et si je m'en éloignais, je serais bien sûre d'y trouver tout sens dessus dessous. Nous vîmes qu'il n'y avait pas moyen de tirer ces infortunées de leur prison ; nous leur souhaitâmes patience jusqu'à ce que Dieu les délivrât du tyran femelle sous lequel elles vivaient depuis si long-temps.

Nous allâmes de là dans une maison qu'on ne nommait pas un château, mais qui était charmante par sa situation, par ses jardins, par l'élégance de l'ameublement; mais plus encore par la gaîté de ceux qui l'habitaient. C'étaient une veuve et son frère, ayant chacun un trentaine d'années, tous deux d'une très-jolie figure. Ils avaient environ trente mille livres de rente, qui suffisaient à leur dépense, parfaitement réglée. Madame de Cerneuil (c'était le nom de la veuve), nous accueillit avec beaucoup de grâce, et son frère parut enchanté de notre voisinage. La langueur que Rosalie conservait, ajoutait à sa beauté; je crus voir que M. Dupont en était frappé, et je ne fus pas fâchée qu'il ne prît pas garde à moi; j'avais quitté Paris pour me mettre à l'abri des déclarations, dont j'étais fort ennuyée.

Madame de Cerneuil nous promit qu'elle viendrait à la fête, et nous projetâmes de danser tout le jour et toute la nuit. Madame de Cerneuil nous demanda si nous montions à cheval ; et comme je dis que je ne le savais pas, M. Dupont s'offrit à être notre maître d'équitation. Voilà un plaisir de plus, me disais-je, c'est une véritable acquisition ; le moins de peine possible, et le plus d'agrément qu'on peut, sans nuire à personne : voilà la vraie philosophie. Il me parut que la veuve et son frère avaient la même manière de penser ; et je me promis un grand plaisir dans leur société tout le temps que nous passerions en Bourgogne, car je savais que ce couple fortuné ne quittait pas la campagne.

Un général avait aussi un château dans les environs, et un château maguifique. Il y était avec une très-belle personne qui portait son nom, mais dont on n'avait point vu les bancs affichés à la porte de la municipalité; peut-être l'avaient-ils été en Allemagne, d'où le général l'avait ramenée avec beaucoup d'autres trésors. Valsery, c'était le nom du général, aimait éperduement sa compagne, et lui faisait tenir dans ses terres le plus grand état. Elle avait vingt chevaux dans son écurie, trente valets, un des meilleurs cuisiniers de Paris, le plus somptueux ameublement. Égérie, belle comme la nymphe dont elle portait le nom, relevait encore tant d'éclat: par tout le luxe de la toilette la plus recherchée; diamans, cachemires, dentelles du plus grand prix, le général prodiguait tout à l'idole de son cœur, qui ne l'en aimait pas mieux et n'en était pas plus heureuse. Égérie s'exprimait assez mal en français, ce qui ne lui était pas très-désavantageux, parce que son langage n'eût peut-être pas été plus pur que si c'eût été sa langue maternelle, car on assurait que son origine était fort au-dessous de ses charmes. Madame Gendron avait eu quelque peine à se décider à lui faire une visite; mais le général était en faveur, il pouvait être utile à M. Gendron, qui comptait incessamment quitter le notariat, pour obtenir une place plus importante. D'ailleurs, comme je l'ai dit, rien ne prouvait qu'Égérie ne fût pas la femme de M. de Valsery, et toute autre opinion était peut-être une calomnie. Il fut donc décidé que l'on irait à l'Hurtois; c'était le nom de la magnifique habitation de ce couple, par qui nous fûmes reçues avec distinction. Cette fois-là je pus bien m'en faire les honneurs;

ce fût moi, moi seule que le général remarqua. C'est un fort bel homme que M. de Valsery, quoiqu'il lui reste dans les manières quelque chose de celles d'un soldat. Il l'avait été sous l'ancien régime. Une fortune immense, un grade élevé dans l'armée, ne faisaient pas toujours disparaître ses anciennes habitudes ; seulement elles étaient accompagnées d'un certain décorum : par exemple, il fumait ; mais ce n'était jamais que lorsqu'il était seule avec Égérie qui, par parenthèse, haïssait au dernier degré l'odeur du tabac. Il buvait assez largement ; mais c'était de si bons vins, que sa raison n'en était que rarement troublée. Il jurait ; mais il avait tant de chaleur dans l'imagination, qu'il fallait bien qu'il employât des expressions énergiques pour peindre les expressions de son âme ardente comme le climat qui l'avait vu naître. Il était de Vaucluse; et s'il n'eût été un militaire distingué, il eut peut-être été un Pétrarque; il aurait fort bien pu, si je l'avais voulu, me choisir pour sa Laure; mais j'aurais été bien fâchée de l'enlever à son Égérie qui, si elle ne l'aimait pas personnellement, aimait beaucoup son bel attelage gris-pommelé de six chevaux parfaitement pareils, qui la transportaient, dans un instant, d'un bout à l'autre des possessions du général; elle aimait la bonne chère, les meubles précieux, les bijoux, et enfin, tout ce que lui procurait la complaisance qu'elle avait de porter le nom du général. Rosalie qui se croyait fort supérieure à moi du côté de la beauté, fut assez étonnée que toutes les affections de M. de Valséry fussent pour moi; elle le trouva grossier, sans manières, sans éducation. Rosalie aimait beaucoup l'ancien régime, surtout quand ceux du nouveau s'occupaient d'une autre que d'elle.

Madame Gendron engagea madame de Valsery à venir à la fête; elle accepta, non sans en demander la permission au général; cette soumission ne prouvait pas la légitimité. M. de Valsery permit non-seulement à Égérie d'y venir, mais assura qu'il ne manquerait pas de l'y accompagner. Nous ne rentrâmes point sans aller chez M. et madame Menard. Le mari était un ancien gentilhomme. Ils vivaient dans leur terre, qui était peu considérable, mais qui suffisait à l'entretien de leur famille, déjà assez nombreuse, quoiqu'ils fussent encore jeunes l'un et l'autre. Madame Menard était fort jolie; simple et modeste, mais pleine d'esprit, d'instruction, de talens. Son mari l'adorait, et elle répondait à sa tendresse; leurs enfans étaient tous beaux et aimables. J'avoue que moi, qui ne suis pas très-sentimentale, le bonheur de ces époux me parut si grand, que j'aurais pu dire comme *Raynal* : Que les esprits célestes en devaient être jaloux. La jeune femme, pressée par nous de venir à la fête, s'excusait sur la simplicité de sa toilette. Madame Gendron l'assura que nous n'aurions que des robes blanches : elle allégua le nombre de ses enfans, et la faiblesse de leur âge.— Je m'en charge, dit Rosalie, ils sont charmans. Il fallut bien qu'elle promît de venir.

Nous rentrâmes fort tard à Chemilly, mais moi très-contente de la foule d'observations que j'avais faites, et qui s'augmenteraient le jour de la fête, à laquelle la moitié des habitans de Dijon était invitée. Les préparatifs nous occupèrent pendant huit jours, pendant lesquels on nous rendit nos visites; et le général ne fut pas le dernier.

CHAPITRE XVI.

LA fête fut très-brillante, et il s'y trouva un nombre considérable de personnes, tant de Dijon que des environs. Il faudrait un volume pour peindre tous les originaux qui s'y trouvèrent. On connaît le général et son Égérie ; la jolie veuve et son frère ; l'aimable et touchante madame Menard et son intéressant époux ; mais je ne vous ai pas parlé de deux frères, dont toute l'existence consistait à chasser du soir au matin, ou plutôt du matin jusqu'au soir. Ils étaient maigres, noirs, mangeaient comme quatre, buvaient à proportion; ils ne savaient parler que de chiens, de chevaux et de fusils : hors de là, pas une idée. On les appelait les inséparables, parce que leurs goûts et leur amitié les réunissaient dans tous les instans de leur vie. Je ne vous ai rien dit non plus du Curé, excellent homme, qui était venu retrouver ses ouailles dès que la terreur n'avait plus obligé tous les honnêtes gens à se tenir cachés. Autrefois, lorsque sa cure valait cinq à six mille livres de rente, il nourrissait une partie de ses paroissiens, qui, à présent, comme il ne pouvait vivre avec les cinq cents francs qu'il recevait du Gouvernement, étaient obligés de pourvoir à ses besoins, et lui assuraient une vie commode. Ce bon vieillard, infirme, et n'ayant d'autre instruction que celle de son état, n'était pas d'une société très-agréable, car il citait à tout instant des passages latins, ou des décisions de la Sorbonne; cependant, comme il n'était sévère que pour lui-même, il se faisait aimer, et d'autant plus qu'il laissait danser ses paroissiens tant qu'ils voulaient, et ne se mêlait en rien de ce qui se passait dans le château, (mérite assez rare en général). Il assista donc à la fête que donnait madame Gendron, sans critiquer ce qui s'y passait; et cependant, il y avait d'assez drôles de choses.

Je ne puis me refuser au plaisir de vous faire connaître un Président de première instance, qui se croyait un d'Aguesseau, parce qu'il savait les cinq Codes par cœur, ce qui ne l'empêchait pas, malgré ses cinquante ans, et sa grande figure sèche et blême, de faire les yeux doux à mademoiselle Dorsi, fille plus que majeure de vingt-cinq ans, bien droite, bien cérémonieuse, et persuadée qu'elle avait de l'esprit, parce que M. le Président l'en assurait sans cesse ; du reste, aussi ridicule que l'on puisse l'imaginer : portant encore des robes à taille longue, comme une Anglaise ; des souliers qui ne recouvraient que le bout de ses pieds, imaginant par là dérober leur grandeur. On disait qu'elle avait eu un fort beau teint, mais il n'en restait aucune trace. Rien ne se fane si vite qu'une fille à marier, quand l'espérance de l'être s'évanouit avec les années. Cependant, le Président était veuf depuis trois mois, et l'on pouvait croire que l'amour triompherait de son avarice. Aussi l'*aimable* Dorsi ne perdait-elle aucune occasion pour l'engager d'une manière irrévocable. La fête présenta une occasion assez favorable. On dit qu'elle s'égara dans des bosquets charmans. On assura même que quelques indiscrets, qui pénétrèrent dans cet asile du mystère, assez pour voir sans être vus..... ne virent rien, mais entendirent la belle qui disait au téméraire Président : Vous me perdez, Monsieur, voyez dans quel trouble je suis ! Si on venait ici, que dirait-on ?..... Si mon frère..... Et ce frère était un grand dadet, de vingt-trois à vingt-quatre ans, qui ne s'embarrassait pas plus de la conduite de sa sœur, qui en avait au moins trente-deux, que de celle de la Sultane favorite. Hé bien ! répondit le galant magistrat, hé bien ! ma charmante ! ne vous ai-je pas assuré qu'au premier mot qui effleurerait tant soit peu votre réputation, je vous épouserais ? A cette douce promesse, la chère Dorsi, tournant ses grands yeux d'un bleu fade vers son Président, s'écria : Et ce mot n'est pas dit?....—Charmant! charmant! reprit celui-ci : laissez faire nos aimables causeuses, il se dira; et je vous répète qu'aussitôt je vous donne mon nom. On ne lui laissa pas le temps d'en dire davantage, et entrant dans le bosquet, on fit mille reproches au Président d'enlever ainsi la meilleure danseuse du bal. — J'avais, dit mademoiselle Dorsi, à consulter Monsieur, sur un acte de partage entre mon frère et moi. — Voyez comme on prend à gauche! on ne croyait pas qu'il fût ici question de partage; mais, au contraire, la renommée avait publié que M. le Président composait avec vous un projet d'union. Mademoiselle Dorsi s'efforça de rougir, et dit à demi-voix au Président : Vous voyez que me voilà compromise?—Oh! pas encore, pas encore. Lui offrant la main, il la ramena dans l'une des salles où l'on dansait, et où nous étions. Un de ceux qui avaient été témoins de cette scène, me la rendit mot à mot; elle m'amusa beaucoup. Je ne me réjouis pas moins du manége et des mines de la femme du major de la place, petite brune, parfaitement faite, dont les grands yeux noirs étaient les plus trompeurs que j'aie vus; car ils étaient pleins d'expression, de sensibilité, et même d'esprit, et personne n'en avait moins qu'elle. Tous ses discours et toutes ses actions étaient marqués au coin de la sottise. Son mari, beaucoup plus âgé qu'elle, n'était point jaloux, parce qu'il avait jugé très-promptement qu'il aurait trop à faire. Après en avoir eu deux enfans, en deux ans, il lui avait signifié qu'il mettait fort peu de prix à un cœur dont il avouait qu'il n'était pas digne ; que n'ayant jamais regardé le mariage que selon sa véritable institution, comme le moyen légitime de procurer des héritiers, tandis qu'elle faisait des moindres choses des scènes de romans qui l'ennuyaient mortellement; et ne voulant pas avoir des héritiers dont il ne connaîtrait pas le père; dorénavant, pour éviter tout doute, à cet égard, ils auraient chacun leur appartement : du reste, avait-il ajouté, évitez tout éclat, toute preuve matérielle de mauvaise conduite, et je vous donne ma parole de ne me mêler en rien de vos actions : mais si vous êtes cause qu'on me montre au doigt, je divorce, et vous rends à vos parens avec les trois cents francs de dot que j'en ai reçus. Cette menace, qui aurait dû l'effrayer, ne la contenait que faiblement. Elle était toute occupée, pendant la fête, d'un sous-lieutenant d'infanterie, qui ne se souciait plus que fort médiocrement d'elle, parce qu'il faisait depuis quelque temps sa cour à la fille d'un fabricant de Dijon, qui avait cent mille francs en mariage. Eulalie était moins jolie que la femme du major; mais modeste, spirituelle, elle possédait tous les dons qui peuvent rendre heureux un homme raisonnable. Si le sous-lieutenant voulait danser avec Eulalie, la femme du major venait lui proposer une walse, et il ne pouvait pas la refuser. Eulalie paraissait triste, et sa mère disait tout haut : Je le savais à n'en pas douter, qu'il est du dernier bien avec cette sotte; il n'aura pas ma fille : et Eulalie en devenait plus triste. Enfin, je ne finirais pas, si je vous rapportais toutes les scènes bizarres dont je fus témoin dans ce rassemblement, où j'eus de grands succès. Tous les hommes voulaient danser avec moi; mais ce qui m'importunait, c'était l'assiduité du général, qui semblait deviner mes désirs. Il allait me chercher des glaces, des fruits de toute espèce. Il ne dansait pas, parce qu'il avait reçu, à la jambe gauche, un coup de feu qui, sans le rendre boiteux, gênait tellement le mouvement des muscles, qu'il n'aurait pu former un seul pas. — Je n'ai jamais regretté, disait-il, le frivole avantage de pouvoir figurer dans un bal; mais aujourd'hui, je donnerais tout au monde pour pouvoir danser, et n'être pas réduit à admirer vos grâces. — C'est, comme vous le dites, général, un frivole avantage. — Oui, quand il n'est considéré qu'en lui même; mais quand il sert à nous rapprocher d'une femme charmante, et à éloigner d'elle, pour un instant, nos rivaux...—Je conçois que vous aimeriez mieux danser avec madame de Valsery, que de la voir donner la main à un autre; mais je ne crois pas que vous puissiez être jaloux.... — D'Égérie! oh! non, je ne le suis pas; son intérêt ne lui permet pas de m'être infidèle; et, depuis quelque temps, je le crains moins que jamais !....

M. Dupont, qui venait de ramener Rosalie auprès de sa mère, vint m'offrir de danser la première contredanse. Le pauvre boiteux va rester là! dit douloureusement le général. — Madame de Valsery ne danse pas?.... — Qu'Égérie danse ou non, cela m'est fort indifférent; et il resta à sa place. Cependant, Égérie inquiète de l'attention que le général m'avait marquée depuis le commencement du bal, se leva, et vint s'asseoir auprès de celui qu'on nommait son époux; mais il s'en aperçut à peine; ses regards étaient attachés sur moi. Egérie le tirait par le bras pour ramener à elle son attention, elle n'y pouvait réussir. En vérité, dit-elle, je ne sais ce que vous avez aujourd'hui; vous n'avez d'yeux que pour cette petite pécore. Le général, bouillant de colère, se leva, et lui dit : Il vous appartient bien de traiter ainsi une fille vertueuse et bien née! pensez qu'on vous fait ici trop d'honneur.... Je me contiens par respect pour moi-même ; et il s'éloigna. Egérie feignit un évanouissement; le général parut à peine s'en apercevoir. Madame Gendron s'empressa de la secourir. On la transporta dans la chambre de la maîtresse de la maison, qui lui dit : Cet accident tient, selon toute apparence, à un commencement de grossesse?—

Hélas ! mon Dieu ! non, je ne suis pas assez heureuse pour cela ; et tant que je n'aurai pas d'enfant, mon sort ne se fixera pas....! Mais où m'emporte ma douleur ? Je suis une femme perdue ; il aime mademoiselle Ernestine, et m'abandonnera. Madame Gendron tâcha de la rassurer, lui parla des nœuds sacrés qui l'attachaient au général. — Ah ! Madame, les hommes sont bien trompeurs et bien légers. Mais rendez-moi le service de faire mettre les chevaux à la voiture. (Les dames disent peu *mes* en parlant de ce qui appartient à leurs amis.) Quoi ! vous voulez nous quitter ? — Je ne puis soutenir le triomphe de ma rivale. — Je vous assure qu'Ernestine ne l'est point ; elle ne peut consentir à l'amour du général. — Mais n'est-ce pas assez qu'il en ait pour elle, qu'il m'abandonne, qu'il me dédaigne? Je n'y peux tenir, je veux partir. Madame Gendron fit dire qu'on mît les chevaux de madame de Valsery; et l'ayant confiée aux soins de sa femme de chambre, elle rentra dans la salle du bal, où elle trouva le général me parlant avec beaucoup de feu. Je riais et détournais toujours avec adresse une déclaration positive, que je ne pouvais recevoir s'il était marié, comme je devais le croire; et il se trouvait dans un grand embarras; car, pour avoir le droit de me dire qu'il m'aimait, il fallait convenir qu'Égérie n'était que sa maîtresse; et alors il aurait manqué essentiellement à madame Gendron en la lui présentant comme son épouse. Je m'amusais de sa peine, lorsque cette dame vint lui dire que madame de Valsery faisait mettre les chevaux; que s'étant trouvée fort mal elle voulait retourner à l'Hurtois. — Libre à elle; pour moi, si vous le trouvez bon, je ne partirai que lorsque le bal finira. — Ne dansant pas, lui dis-je, je ne vois pas quel plaisir vous pouvez avoir ici; et il me semble que vous feriez mieux de ne pas laisser madame de Valsery retourner seule à l'Hurtois. — Je crois, Mademoiselle, que vous seriez fort aise d'être débarrassée de moi; mais c'est un parti pris, je reste; à moins que Madame ne me voie avec peine chez elle. -- Je pense comme Ernestine, que vous feriez bien d'accompagner votre femme; mais du reste, je suis forte aise que ma maison vous soit agréable, et que vous ne soyez pas pressé de la quitter. Le général sortit un instant, donna ordre qu'on lui ramenât son cheval barbe, et sans entrer dans l'appartement où était Egérie, il la laissa partir avec cette froideur insultante qui est toujours la suite de ces liaisons qu'une folle passion ou l'intérêt a formées, et qui ne durent qu'autant que l'un des deux ne trouvera pas un objet qui leur convienne davantage. Je fus obsédée, ennuyée à l'excès des soins du général, et je désirais vivement que le bal finît. Il se termina enfin, et le général fut obligé d'aller rejoindre sa triste compagne. Pour ce qui se passa entre eux, à son retour à l'Hurtois, je l'ignore; mais il est à présumer que la paix fut signée, car nous reçûmes le lendemain un joli billet sur papier satiné, doré sur tranche, et plus parfumé que le magasin de Fargeon, où étaient écrits ces mots :

« Ma compagne présente ses ex-
» cuses et ses regrets à madame Gen-
» dron d'avoir été forcée de quitter
» sa charmante fête; elle ose se flatter
» que ces dames voudront bien la

» dédommager des momens de bon-
» heur qu'elle a perdus, en lui fai-
» sant l'honneur d'accepter à dîner,
» demain mardi, et je joins à son in-
» vitation l'hommage de mon pro-
» fond respect,

Le Général VALSERY ».

Voilà, dit madame Gendron, une forme d'invitation très-plaisante; si je m'en croyais je refuserais, car il est clair que c'est le général qui nous donne à dîner; mais si je refuse, cela pourra nuire aux projets de M. Gendron, à qui l'appui de M. de Valsery est nécessaire; et puis, en vérité, me dit-elle, si effectivement son mariage n'est pas en règle, et qu'il vous en offre un réel, je crois que vous feriez fort bien d'accepter. — Non, certainement. — Et pourquoi? — La première raison, c'est que je ne veux point me marier ; la seconde , c'est que le général ne me plaît pas ; et enfin la troisième, c'est que, pour rien au monde, je ne voudrais enlever à une femme l'homme à qui elle a sacrifié sa réputation, et par conséquent, tout son bonheur. — Ces sortes de liaisons sont si peu durables ! — Je le crois, et cela doit être, puisqu'il n'y a rien de solide, me disait mon père, que ce qui est dans l'ordre ; mais je n'en serais pas moins au désespoir d'être cause de cette rupture ; d'ailleurs, je vous avoue que je vois peu de différence entre la jeune personne qui épouse par intérêt un homme qu'elle n'aime point, et celle qui, par intérêt, fait le sacrifice de ses principes. — Ah ! la différence est extrême. — Pas autant que vous l'imaginez ; et Égérie, dont vous faites si peu de cas, j'en suis sûre, aurait préféré être épouse légitime d'un homme sans fortune, qu'elle aurait aimé, à se voir exposée au caprice de celui qu'elle n'aime pas, malgré ses richesses; d'ailleurs, ce ne sont ici que des propos en l'air, et nous ne savons en aucune manière, si le général est libre ou non. Toute cette discussion n'empêcha pas madame Gendron d'accepter.

CHAPITRE XVII.

LE dîner fut somptueux. Égérie s'efforcait d'en faire les honneurs avec grâce ; mais on voyait la jalousie percer à chaque instant. Le général n'y prenait pas garde ; il ne voyait, il n'entendait que moi. Rosalie, qui en était aussi impatientée qu'Égérie, s'en dédommageait en répondant aux agaceries de M. Dupont, qui était venu dîner à l'Hurtois, mais seul : madame de Cerneuil ne voyait pas Égérie. Après le dîner, on parla de partie de chasse ; les inséparables dirent qu'il n'y avait jamais eu autant de chevreuils dans la forêt que cette année ; qu'on les voyait par bandes. On proposa une battue pour le jour suivant. Les dames devaient y venir en calêche. Ce plaisir était nouveau pour moi ; je m'en faisais une idée charmante, et je voulais suivre la chasse à cheval. Madame de Cerneuil m'avait prêté le sien depuis quelques jours, et M. Dupont m'avait tenu la parole qu'il m'avait donnée. J'avais reçu les premiers élémens d'équitation, et les avais mis à profit. Il fut donc convenu que je suivrais la chasse à cheval. Nous nous rendîmes à l'Hurtois. Égérie fit les honneurs du déjeuner avec moins d'humeur qu'elle n'en avait montré au dîner. Elle se trouva au rendez-vous avec ses six chevaux gris-pommelé, qu'elle aimait, on le sait, plus que le général. Madame Gendron monta avec Rosalie dans sa superbe dormeuse. M. Dupont était à la portière, et causait avec ces dames. Je galopais en avant, avec le général, sans m'embarrasser de ce qu'on en pouvait dire, et sans accorder le plus léger intérêt à M. de Valsery ; je trouvais charmant de me sentir emportée avec rapidité et sans danger. Nous étions déjà loin du gros de la chasse, et je ne m'en étais pas aperçue, quand le général, saisissant la bride de mon cheval, me dit : Chère Ernestine, daignez m'écouter. Je me retournai, et fus fort étonnée en voyant que j'étais toute seule dans la route avec M. de Valsery ; mais quel moyen de lui échapper ? Il était tout aussi bien monté que moi, et savait beaucoup mieux manier son cheval ; il ne me restait donc d'autre parti à prendre que celui de l'écouter. Résolue, quelque chose qu'il me dût arriver, de feindre pour gagner du temps, j'arrêtai, sans toutefois descendre, ce qui mettait toujours une distance respectueuse entre lui et moi, et il commença ainsi :

Vous ne pouvez ignorer que je vous aime ; mais ce que vous ne savez pas, c'est que je puis vous en faire l'aveu sans vous offenser, puisque l'offre de mon cœur sera celui de ma main, de celui de toute ma fortune, qui est immense, et du plus haut rang à la cour. J'ai voulu avoir votre aveu avant d'écrire à votre tuteur. Chère Ernestine, rejeterez-vous

Des vœux mal exprimés,
Qu'Hippolyte (*), sans vous, n'aurait jamais formés?

Je suis fort sensible, répondis-je au fier Hippolyte, à l'honneur que vous me faites ; mais Égérie... — Elle est prévenue que son rôle est fini. Je

_____

(*) Le général s'appelait Hippolyte Valsery.

lui donne sa retraite avec vingt mille francs de pension, et une maison à Francfort, pourvue généralement de tout ce qui peut être commode et agréable; elle trouvera quelque chef de bataillon qui sera encore heureux de lui donner son nom; elle ne m'a jamais aimé. — Mais on disait que vous l'aimiez à la folie. — J'en conviens; cette fantaisie eut le caractère d'une passion jusqu'au moment où je vous ai rencontrée. — Vous avez changé pour Égérie, bien plus belle que moi, vous changeriez encore. — Quelle différence ! je ne pouvais avouer cette union, ni présenter Égérie à la cour; il fallait me confiner dans cette province; au lieu que, si vous voulez prendre mon nom, je serai fier de mon choix, car il sera approuvé de tous. Chère Ernestine, permettez-moi d'écrire à M. Gendron.

— Je vous demande le temps de réfléchir ; demain je vous rendrai ma réponse. — Pourquoi différer mon bonheur ? car, soit prévention, soit vérité, il me semble voir dans vos regards une bienveillance qui me permet d'espérer. — Demain, général, je vous instruirai de ma résolution en présence de madame Gendron, qui me tient lieu de mère, et qui serait justement offensée si je laissais entrevoir mes sentimens avant de l'avoir consultée. — Malgré le chagrin que j'éprouve, dit Hippolyte, en voyant retarder l'assurance de ma félicité, je ne puis blâmer votre délicatesse ; je m'y soumets. Demain je serai à Chemilly, à dix heures du matin. — C'est de bonne heure ; mais enfin soit, à dix heures, et vous aurez ma réponse : rejoignons maintenant les chasseurs ; car, que dirait-on, si l'on nous trouvait seuls. Hippolyte trouva que j'avais raison; et me guidant par une laie de traverse, nous fûmes en fort peu de temps au rendez-vous. Égérie qui, comme me l'avait dit le général, avait accepté sa retraite, et qui en trouvait les conditions très-avantageuses, ne s'occupa point de ce que nous étions devenus. Rosalie causait avec M. Dupont; et madame Gendron, qui avait peur en voiture, était dans de telles alarmes du balancement continuel de la dormeuse, qu'elle ne pensait qu'au danger qu'elle croyait courir : à peine s'était-elle aperçue que j'avais été séparée de la chasse pendant près d'une heure. Le général avait un air de triomphe qui n'échappa point à M. Menard. Celui-ci m'a dit depuis qu'il avait été affligé de me voir sacrifier à la fortune mille convenances, qu'on ne viole pas sans s'attirer de longs et irréparables malheurs. Pour moi, je me félicitais d'avoir échappé, par une ruse, au danger auquel mon imprudence m'avait exposée.

La chasse fut très-brillante, et la halte si magnifique, qu'on eût dit que c'était un prince qui en avait ordonné les apprêts. On se sépara à une pate-d'oie, dont chaque route conduisait aux différens châteaux de ceux qui s'étaient trouvés à cette fête. J'avais beaucoup d'impatience de raconter à la femme de mon tuteur ce qui s'était passé avec le général, mais elle était si fatiguée qu'elle se coucha en arrivant. Je passai dès le matin dans sa chambre, et je lui rapportai, mot pour mot, tout ce qu'Hippolyte m'avait dit, ajoutant que, pour rien au monde, je ne consentirais à épouser un homme que l'on pouvait trouver bien, mais qui me déplaisait. Madame Gendron et Rosalie me prêchèrent inutilement ; c'était un parti pris, elles ne purent rien gagner.

Le général fut très-exact au rendez-vous. Madame Gendron ne se souciait pas d'être présente à cette conversation ; elle prétexta qu'elle était si fatiguée de la chasse, qu'elle n'avait pu se lever. J'emmenai Rosalie avec moi, et entrant dans le salon où était Hippolyte, je lui dis de l'air le plus dégagé : Je suis fâchée de vous avoir donné la peine de venir pour vous faire une réponse dont vous aurez la bonté d'être affligé ; mais j'ai bien réfléchi sur ce que vous m'avez proposé, je ne puis consentir à vous donner ma main, ne voulant jamais me marier. — Quoi ! dit-il, vous me flattiez hier du plus doux espoir, et vous m'annoncez aujourd'hui, sans aucun ménagement, que vous me refusez ! ne pensez pas m'échapper; je serai votre époux, quelque chose que vous fassiez. — Je vous assure, repris-je en riant, que je ne serai jamais votre femme. — C'est ce que nous verrons. — La menace, Monsieur, est un fort mauvais moyen de plaire. — J'en conviens, dit-il en se jetant à mes genoux, pardonnez à un amant au désespoir. — Levez-vous, général; que diraient vos soldats, s'ils voyaient leur chef aux pieds d'une enfant? le soin de votre gloire me touche plus que vous-même. Tant d'autres accueilleraient avec transport ce que je ne puis accepter! Et enfin, vous pouvez revenir à Égérie. — Eh! c'est là, dit Hippolyte, en se levant avec un mouvement de fureur, c'est là ce que je ne puis vous pardonner: je l'aimais, j'aurais peut-être fini par l'épouser, car je n'ai rien à lui reprocher, et j'ai rompu avec elle pour vous. — Je ne vous y ai point engagé ; ne m'avez-vous pas dit hier que c'était une chose faite ? Ce n'est donc point moi qu'il faut accuser de cette rupture. — Qui n'eût jamais eu lieu si je ne vous avais pas rencontrée, perfide!... mais je m'en vengerai... Enfin, il est donc décidé que vous me refusez? — Ah! très-décidé. — Eh bien! nous verrons ; et priant Rosalie de présenter ses respects à madame Gendron, il nous salua l'une et l'autre, traversa le vestibule, reprit son cheval, que son valet tenait en main, s'élança dessus et disparut. — Est-il possible, dit Rosalie, de refuser deux cent mille livres de rentes et un rang à la cour ! tu es folle. — Cela est possible ; mais s'éprendre d'un inconnu, d'un espèce d'escroc, c'est aussi être folle. Rosalie piquée, avec raison, de ma réponse, me quitta, et me laissa me féliciter, tout à mon aise, du parti que j'avais pris de conserver ma liberté. Qu'ai-je besoin, me disais-je, de ses richesses, qu'il me faudrait acheter au prix de ma soumission à un maître, à un despote, dont je serais le premier domestique ? car il faut convenir que le sort d'Égérie m'attendrait ; et quoique mariée, n'aurais-je pas à craindre le divorce, cette loi destructive de la vertu et du bonheur ? Il me renverrait à mes modestes foyers, dont j'aurais perdu l'habitude : il vaut mieux y rester que d'y revenir; quant aux menaces d'Hippolyte, je ne les crains point.

Je passai dans la chambre de madame Gendron, à qui sûrement sa fille avait été se plaindre de la réponse que je lui avais faite, car elle me reçut assez mal. Je vis qu'elle était en humeur de quereller, je la quittai, je montai chez moi. Je passai un habit d'amazone; et montant le cheval de madame de Cerneuil, j'allai dîner chez elle. Je lui fis part du refus que j'avais fait de la main et de la fortune du général; elle m'en félicita. Rien, me dit-elle, ne peut tenir lieu de la vertu dans un époux. L'homme immoral répand autour de lui le venin de son âme, et il est très-difficile que sa société habituelle ne corrompe pas celle qui lui est unie. Le général Valsery n'a ni religion, ni probité, ni délicatesse. Sa bravoure l'a seule porté où il est; mais il n'est pas estimé de ceux qui connaissent tous les moyens qui lui ont procuré sa brillante fortune; et je vous félicite de tout mon cœur d'avoir échappé à sa séduction; car il faut convenir que c'est un fort bel homme, et qui, par des manières magnifiques et polies, cache les difformités de son âme. Le frère et la sœur m'engagèrent à ne point m'exposer, m'assurant que le général était capable de mettre ses menaces à exécution. Je n'en croyais rien ; mais je promis de prendre des précautions. M. Dupont voulut absolument me reconduire.

CHAPITRE XVIII.

Monsieur Dupont fit ma paix avec ces dames, en les assurant que j'avais très-bien fait de refuser le général, sans cependant entrer avec elles dans les mêmes détails qu'avec moi. On était depuis quelques jours sans avoir de nouvelles de l'Hurtois, quand on vint nous apprendre que le général avait reçu un ordre de rejoindre l'armée, et qu'il ne restait plus personne au château. Cette nouvelle me fit grand plaisir, parce qu'elle me rendait la liberté, car on n'avait pas voulu que je sortisse depuis les menaces du général; mais lui parti, je n'avais plus rien à redouter dans le voisinage, qui était habité par les meilleures gens du monde. J'avais acheté un fort joli cheval, et madame Gendron me faisait suivre par son cocher, sur un cheval de carrosse; mais je sortais toujours seule, parce qu'elle ne voulait pas que sa fille s'exposât à ce qu'elle appelait une folie; pour moi, je n'en trouvais pas à faire des promenades en plein jour, dont le but était de rendre des visites à des femmes aussi estimables qu'aimables, ou de porter des secours dans les chaumières; je laissai dire la mère de Rosalie, et je continuai mes courses.

On attendait M. Gendron; et comme dans sa dernière lettre, il nous assurait qu'il ne serait pas plus de trois ou quatre jours à se mettre en route, je demandai à ces dames si elles ne voulaient pas venir au-devant de mon tuteur.—Oh! mon Dieu! non, répondit madame Gendron.; rien de plus désagréable que ces prévenances : le voyageur attendu arrive par une route, pendant qu'on va le chercher par une autre; aller au-devant d'un voyageur, c'est presque toujours retarder le plaisir de le voir. J'en veux courir la chance, repris-je; aussitôt après le dîner je partis, suivie de Laurent, et nous prîmes la route de Paris. Il fallait traverser un assez grand bois pour aller à la première poste. Laurent n'était pas le plus brave des hommes. Il avait entendu dire que des voleurs infestaient le bois; il m'engagea de ne pas y entrer. Si Monsieur arrive, il vous joindra tout aussi-bien de ce côté du bois que de l'autre. Je trouvais le chemin très-agréable; les arbres formaient un berceau au-dessus de la route. Le soleil, à son coucher, dardait ses rayons au travers des bran-

ches, et répandait sur la route une clarté magique qui m'invitait à la parcourir. Sans répondre aux remontrances de Laurent, je rends la main à mon cheval, et il prend le galop. Un chemin uni comme une allée de jardin donnait à son pas une douceur extrême. J'avais fait environ trois quarts de lieue, lorsque j'entends Laurent qui crie : Mademoiselle, nous sommes perdus ! les voilà ! Je me retourne, et j'aperçois, en effet, quatre hommes masqués, qui me paraissent d'une très-haute stature : c'est un merveilleux microscope que la peur. Ils s'approchèrent de moi, et serrèrent mon cheval avec ceux qu'ils montaient, de manière à ne pas lui laisser la faculté de reculer ni d'avancer.
— Messieurs, leur dis-je en affectant une grande tranquillité, pourrais-je savoir ce que vous me voulez ?

si c'est ma montre et ma bourse, seules choses que j'aie sur moi, les voici. En disant cela, je leur présentai l'une et l'autre. — Ce n'est point de l'argent que nous voulons, mais votre personne. Pensant aussitôt que ces brigands ne pouvaient me vouloir pour eux, et me rappelant les menaces du général Valsery, je ne cherchai point à opposer une résistance inutile; je ne pensai qu'à les tromper par une feinte complaisance qui me mît à même de saisir, pour leur échapper, une occasion où ils se croiraient sûrs de moi. Je ne parus donc pas effrayée; et je leur dis avec gaieté : Vous ne me voulez sûrement pas de mal, car que gagnerez-vous à m'arracher par violence ce que je vous offre de plein gré? Seulement, dites-moi où vous voulez nous mener. — Je suis fort aise, dit celui qui paraissait être le chef de l'entreprise, de vous trouver si docile, car nous craignions que vous n'entendissiez pas raison. Vous faites-bien, car je puis vous assurer que vous serez parfaitement heureuse. Quant à vous, dirent-ils à Laurent, vous pouvez vous en retourner, Mademoiselle n'ayant pas besoin de vous. — Je ne demande pas mieux, dit le poltron en tournant bride. Son cheval partit au grand galop ; je lui criai : Assurez madame Gendron et sa fille qu'elles ne doivent pas être inquiètes de moi, que je leur écrirai dès que je serai arrivée. — Allons, Mademoiselle, il faut venir de ce côté-ci, me dit le chef des brigands. — Par où vous voudrez. Je paraissais parfaitement résignée à mon sort. Mes ravisseurs quittèrent bientôt la grande route, et ce fut alors que je sentis un frissonnement intérieur qui aurait pu ressembler à la peur; mais comme mon père m'a toujours dit qu'elle ne remédiait à rien, je me rassurai en pensant que, qui ne craint point de mourir, n'a point à redouter l'infamie; et je continuai ma route comme si j'en avais su le terme. Au bout d'une lieue, que nous avions faite sous bois, nous nous trouvâmes dans une clairière où j'aperçus un cabriolet attelé de trois chevaux. Voici, Mademoiselle, me dit le même homme, une voiture où vous serez plus commodément qu'à cheval. — Je veux y être seule, dis-je, où je n'y monte pas. — Vous êtes maîtresse de faire ce qui vous conviendra; nous sommes faits pour suivre vos ordres. Je descendis de cheval et montai dans une fort bonne voiture, que mes quatre coquins escortaient. Toute autre que moi eût été très-inquiète; mais je ne songeais qu'à conserver toute ma présence d'esprit pour échapper à ces agens subalternes avant qu'ils m'eussent conduit à leur infâme maître. Ces hommes, me voyant l'air si gai, si tranquille, ne furent plus avec moi que comme des domestiques qui suivaient ma voiture, et cessèrent, comme je l'avais bien imaginé, d'avoir autant de précautions, persuadés que je n'avais nulle envie de les fuir. Ils ne trouvèrent point nécessaire de voyager la nuit sur une route qui n'était point sûre, et encore moins de loger dans les auberges de village. Au contraire, ayant repris la route de Lyon, ils me proposèrent de passer la nuit à Mâcon. Je le veux bien, leur dis-je, nous sommes apparemment sur la route d'Italie. — Mon Dieu, oui. — Et le général Valsery y est donc ? — Vous l'avez dit; il m'avait bien recommandé de ne pas vous le

nommer; mais puisque vous l'avez deviné... autant que nous en convenions.
— Je m'en suis doutée tout de suite, et, en vérité, je ne puis lui savoir mauvais gré d'avoir eu cette idée; c'était la seule manière de me soustraire à la domination d'un tuteur vieux et jaloux. — Vous aimez donc le général ? Il m'avait dit que vous ne vouliez pas consentir à venir avec lui ?
— Je le trouvais fort bien ; mais on ne dit pas tout de suite : Je veux bien.
— J'entends ; vous vouliez être enlevée ? — Mais, oui ; c'est assez drôle.
— Enfin, vous êtes contente ? — Infiniment. — Votre fortune est faite. C'est un homme extrêmement généreux. Si vous êtes jamais sa femme, vous serez heureuse. — Je le crois.
Ils me faisaient tous ces contes en galopant auprès de la portière de la voiture, dont la glace était ouverte.

Jamais enlèvement ne s'était fait d'une manière plus bénévole ; et on eût dit, en me voyant de si bonne humeur, que j'adorais M. de Valsery. Arrivés dans une des meilleures auberges de la ville, car nos gaillards ne se refusaient rien, ils commandèrent le meilleur souper, dont ils savaient bien que les restes ne seraient pas perdus. Quand on vint m'apporter mon repas, je m'informai des personnes qui étaient dans l'auberge. On m'en nomma plusieurs, que je ne connaissais pas. Mais enfin, on prononça un nom qui releva mes espérances. Le lecteur voudra bien que je le lui cache pour quelque temps. A peine je sus que j'avais un défenseur dans l'hôtellerie, qu'il me sembla que je n'avais plus rien à craindre ; mais comment lui faire savoir que j'étais dans cette maison, et que j'avais besoin de son secours? il pouvait partir au lever du soleil ; la nuit même. Il fallait d'abord me débarrasser de mes gardiens. Je leur fis dire que je n'avais pas besoin d'eux, qu'ils pouvaient se coucher, afin d'être levés le lendemain à cinq heures du matin. Je fondais sur leur sommeil l'espérance de recouvrer ma liberté, et je trouvai le moyen de le rendre plus profond.

Feignant de m'ennuyer dans ma chambre, je descendis dans celle de l'hôtesse, et, traversant la cuisine pour m'y rendre, j'y trouvai les gens du général, qui soupaient splendidement ; je leur réitérai l'ordre d'être prêts à partir avant le jour, et leur souhaitant bon appétit, je jetai sur la table une pièce de vingt francs, et les engageai à boire à ma santé. Ma *générosité* redoubla leur gaieté, et je ne doutai pas que l'ivresse la plus complète n'en fût la suite. J'entrai chez l'hôtesse; elle était environnée de trois ou quatre voyageurs, mais aucun d'eux n'était celui que je cherchais, et j'allais demander de ses nouvelles, quand je vis entrer!... — Qui ? — Vous ne devinez pas ? — Non. Etait-ce M. d'Herbain ? — Je vous l'aurais déjà dit ; au lieu que je ne pouvais prononcer le nom de l'aimable voyageur sans quelque trouble; et cependant, ce nom sonnait agréablement à mon oreille. Il faut pourtant vous le faire connaître ? C'était M. de Saint-Elme. Ah Dieu ! s'écria-t-il, quel bonheur me fait vous rencontrer ici ? — Je voyage. — Où portez-vous vos pas ? — En Italie. — Et moi aussi. — La rencontre est heureuse. — Quand partez-vous ? — Cette nuit. Je me félicitai alors de n'avoir pas attendu au lendemain à exécuter mon projet, et me décidai à ne pas perdre une minute pour apprendre au Chevalier la cruelle position où j'étais ; bien sûre que je trouverais en lui un protecteur aussi respectueux que zélé. Cependant, ne voulant pas le recevoir dans ma chambre, ni l'instruire de ma situation devant l'hôtesse, j'essayai de lui dire quelques mots en anglais, auxquels, à ma grande satisfaction, il répondit avec la plus grande facilité. Je n'hésitai plus à lui apprendre ma funeste aventure; et je le suppliai de m'arracher à mes ravisseurs, et de me reconduire chez madame Gendron. M. de Saint-Elme, dans les yeux duquel j'avais vu briller la colère, au récit de l'attentat qui avait pensé me mettre au pouvoir du général, et en qui l'horreur que cet homme m'inspirait, faisait naître de la joie, me jura que rien ne pourrait l'empêcher de me conduire à Chemilly, dût-il ensuite crever ses chevaux pour rejoindre à temps son régiment. Je l'assurai de ma vive reconnaissance, et nous ne nous occupâmes plus que de concerter notre plan.

J'avais, comme on s'en rappelle, mon cheval avec ceux du général. Saint-Elme voyageait avec les siens, ce que j'aimais bien mieux que s'il eût eu une voiture, dans laquelle j'aurais eu de la peine à l'empêcher de prendre place, cette voiture étant à lui. J'engageai Léon), c'était le nom de Saint-Elme), à s'assurer de l'état où étaient les gens de M. de Valsery. A ma grande satisfaction, il vint m'apprendre qu'ils avaient si complètement perdu l'usage de la raison, qu'on avait été obligé de les envoyer se coucher. Rien ne pouvait mieux servir mes projets, car il était simple que je ne voulusse pas m'exposer à me mettre en route avec des hommes entièrement ivres. Je fis semblant d'être très-effrayée de voyager avec eux, et en même temps d'être dans l'impossibilité d'attendre qu'ils fussent en état de monter à cheval. Léon m'offrit, en français, de m'escorter avec ses gens. Je l'acceptai; mais il fallait, disait-il, qu'il partît sur-le-champ. — Cela m'arrange parfaitement, repris-je, car je suis fort pressée d'arriver à Lyon; et tandis qu'il allait donner ses ordres pour que l'on sellât ses chevaux et le mien, je payai, non-seulement ma dépense, mais celle des gens du général, afin que l'hôtesse n'eût pas d'objections à faire. Je lui dis que je partais avec M. le chevalier de Saint-Elme, mon proche parent, que le bonheur m'avait fait rencontrer chez elle, et que je la priais de dire à mes gens de me venir joindre, le plus tôt possible, sur la route de Lyon. Saint-Elme rentra à cet instant, pour me prévenir que tout était prêt pour le départ. Je lui donnai la main ; il m'aida à monter à cheval, s'élança sur le sien, et nous partîmes sur-le-champ, suivis de deux domestiques, appartenant au Chevalier. Je fus très-aise de voir que je n'aurais pas à craindre un tête-à-tête, qui me semblait plus redoutable avec le Chevalier qu'avec tout autre.

M. de Saint-Elme devait me conduire jusqu'à Chemilly ; mais il me prévint qu'il lui serait impossible de s'y arrêter, parce qu'il n'avait pas une minute à perdre pour être à Lyon le jour où le régiment dans lequel il servait devait y passer. Je lui témoignai combien j'étais touchée de la fatigue que lui causerait une route aussi longue, faite avec autant de précipitation, et combien j'étais fâchée qu'il ne pût se reposer chez mes amis.—Croyez, Mademoiselle, qu'un devoir sacré peut seul me forcer à vous quitter avec tant de précipitation; mais ne parlez point de fatigue, peut-on en ressentir quand on a le bonheur de vous être utile?.... En achevant ces mots, il se tut, et resta long-temps plongé dans un profond silence, que je ne me sentais nulle envie de rompre; cependant mille pensées se présentaient en même temps à mon imagination.... La beauté de la nuit; la lune qui éclairait les riches campagnes que nous parcourions, tout nous inspirait apparemment cette douce mélancolie, qui fait trouver tant charme à se taire...... peut-être, parce que si l'on parlait, on aurait trop à dire. Nous nous arrêtâmes au lever du soleil pour faire reposer nos chevaux; nous nous assîmes sur la pelouse, et nous prîmes quelques rafraîchissemens. Le Chevalier avait avec moi le ton le plus respectueux : on eût dit qu'il se défendait contre lui-même. Cependant, ses attentions pour moi étaient infinies, et je n'avais jamais trouvé dans aucun homme, depuis que le Ciel m'avait enlevé mon père, autant d'esprit, d'instruction et d'amabilité que j'en découvrais dans M. de Saint-Elme : aussi est-il impossible de faire un voyage plus agréable que celui que je fis avec lui, et qui devait se terminer à la grille du château de Chemilly. Avant d'y arriver je vais vous rendre compte de ce qui s'y était passé depuis mon absence.

CHAPITRE XIX.

Monsieur Gendron arriva le jour même de mes grandes aventures, et sa femme fut très-étonnée de ne pas me voir avec lui. Elle lui dit que j'avais été à sa rencontre ; ce qui le flatta beaucoup, parce que, sans se l'avouer, il m'aimait plus qu'il n'appartenait à un tuteur, vieux et marié. Il était désolé de ne m'avoir pas trouvée ; mais l'on crut que j'avais traversé le bois par une autre route. Plus de deux heures s'étaient écoulées sans que l'on me vît revenir ; mon tuteur était dans la plus grande inquiétude, quand Laurent parut dans la cour ; on alla à sa rencontre, tout le monde le questionnait à la fois. Où est Ernestine ? Où l'avez-vous laissée ? Lui est-il arrivé quelque accident ? Comme vous êtes pâle ! — Eh ! laissez-moi arriver, et je vous répondrai. M. Gendron, qui craignait quelques nouvelles étourderies de ma part, emmena Laurent avant qu'il eût eu le temps de raconter ma funeste aventure devant tous ceux qui l'entouraient. Ce brave garçon, incapable de juger de mes intentions, rendit à son maître, avec la plus grande exactitude, tout ce qui s'était passé ; et à ne consulter que les apparences, j'étais fort coupable. Mon tuteur, blessé jusqu'au fond de l'âme d'une conduite qui paraissait si inconsidérée, mais voulant ménager ma réputation et son amour-propre, défendit à Laurent de parler de ma rencontre avec les gens du général, et lui ordonna de dire que j'étais restée chez madame Menard, d'où je reviendrais dans quelques jours. Laurent, à qui son maître donna une pièce d'or pour taire mon enlèvement, qu'il regardait comme fait de concert avec moi, n'en dit rien à personne, si ce n'est à madame Gendron, qui, ne croyant pas que je fusse chez madame Menard, donna deux louis à son domestique pour le faire parler, et sut ainsi tout ce que son mari voulait lui cacher. Madame Gendron en parla avec aigreur à mon tuteur, et demanda pourquoi il lui avait fait un mystère d'une aventure qui n'avait rien d'étonnant, d'après la manière dont je me conduisais depuis la mort de mon père. — Ce n'est peut-être encore qu'une étourderie, répondit M. Gendron. — Oh! qu'elle sait bien ce qu'elle fait; et que si elle s'est perdue, c'est bien volontairement; aussi, je jure de ne la revoir de ma vie ; et elle le signifia à son mari, en lui disant qu'il fallait qu'il optât entre elle et moi. M. Gendron, au désespoir, ne put cependant s'empêcher de convenir que rien ne pouvait m'excuser, et il ajouta en soupirant : Vous n'aurez pas besoin de lui défendre votre maison, elle en est partie pour toujours. Cependant, je revenais sous la conduite de M. de Saint-Elme, qui continuait d'unir aux attentions les plus délicates le plus profond respect. Nous vînmes en deux jours de Mâcon à Dijon ; nous couchâmes à Châlons ; je demandai à la maîtresse de l'auberge de me donner une chambre près de la sienne. Je suis forcée, lui dis-je, de voyager seule avec mon cousin qui, comme vous voyez, est très-jeune, et moi encore plus. Je désire qu'il n'y ait pas le moindre doute sur ma conduite. L'aubergiste fit ce que je demandais, et M. de Saint-Elme n'en montra aucune humeur; ce qui pouvait tenir de la régularité de ses mœurs; car il m'était impossible de ne pas voir que je lui étais chère. Nous soupâmes à table d'hôte, comme nous avions dîné, car je ne voulais pas me trouver seule avec lui; et ses gens auraient pu servir de témoins de l'innocence de ma conduite, car ils ne nous perdirent pas de vue un instant, tant que nous fûmes ensemble; j'étais loin de me douter que, tandis que je mettais tant de réserve dans mes moindres actions, on me perdait de réputation à Chemilly, où je désirais vivement d'arriver. J'aimais madame Gendron et Rosalie, je croyais en être aimée; je ne savais pas que la plupart des femmes, oubliant que l'indulgence est la plus recommandable des vertus, se persuadent qu'elles donnent la plus grande preuve de la leur en s'irritant contre les fautes des autres femmes, et en les forçant, par leurs médisances, et bien souvent par leurs calomnies, à fuir une société où elles leur ôtent toute considération, ce qui les jette nécessairement dans une route où elles deviennent entièrement coupables et malheureuses. Pour moi, je ne croyais pas qu'il appartînt à personne de décider de ma réputation ; erreur qui eût pu me perdre, mais qui entretint dans mon caractère une insouciance et une gaîté imperturbables.

Il était sept heures du soir quand nous arrivâmes à Chemilly. La lune, qui prolongeait la durée du jour, répandait sur les objets une clarté assez vive pour qu'on pût les parfaitement distinguer ; aussi M. de Saint-Elme, qui semblait ne pas voir sans chagrin le terme de notre voyage, ne put s'empêcher d'être frappé, comme je l'avais été à mon arrivée de Paris, de la beauté du château; et je ne sais pourquoi je ne fus pas fâchée que la magnificence de cette habitation lui fît juger que j'avais pour protecteurs, et pour amis, des gens qui, au moins par leur grande fortune, n'étaient pas sans avoir quelque ascendant dans la société. Quel eût été mon chagrin, s'il eût été témoin de la réception qui m'attendait!... Nous prîmes le galop pour franchir la longueur de l'avenue, et en dix minutes nous fûmes à la grille. Un des gens de M. de Saint-Elme descendit pour sonner, et nous vîmes que l'on venait nous ouvrir. Je voulus encore engager M. de Saint-Elme à entrer avec moi: il me dit que je devais bien penser que c'était impossible, puisqu'il résistait à un désir qui serait pour lui une loi, si l'honneur ne lui défendait pas de s'arrêter une seconde. De plus, si j'arrivais trop tard, je serais au désespoir; car je ne pourrais me consoler de mériter les reproches de mes chefs, qui, jusqu'à présent, n'ont jamais eu l'occasion de m'en faire. Je cessai d'insister, et lui témoignai, avec d'autant plus de vivacité ma reconnaissance, que nous allions nous séparer. — Je ne vous en demande d'autre preuve, trop aimable Ernestine, que la permission de vous faire ma cour à mon retour de l'armée. On pense bien que je ne pouvais pas la lui refuser. Ce ne fut pas sans un sentiment de tristesse assez vif, que je le vis s'éloigner de moi de toute la vitesse de son cheval, comme s'il eût craint, en restant plus long-temps, de ne pouvoir plus me quitter. J'étais seule, complètement seule, quand enfin on vint m'ouvrir. Je descendis de cheval, et le donnai à Philippe, qui témoigna un sensible plaisir à me revoir, et voulait me faire des questions auxquelles je ne pris pas le temps de répondre, tant j'étais empressée de me trouver auprès de mes amies pour leur raconter, avec la naïveté de l'innocence, la manière dont j'avais joué les gens du général. Je savais que M. Gendron était arrivé, et je me faisais un plaisir de le revoir; car tout en me moquant de son amour, j'avais vraiment de l'amitié pour lui. J'entre avec confiance, je cours pour embrasser madame Gendron, elle se lève à peine. Rosalie me fait une simple inclination, et mon tuteur sort par la porte opposée à celle par laquelle je suis entrée. Voilà, je l'avoue, un singulier accueil ! dis-je à ces dames ; il me semble qu'on me devrait quelques félicitations d'avoir échappé à un grand danger. — Que vous avez cherché, Mademoiselle, on sait tout. — Vous ne savez rien, et j'ai lieu, Madame, d'être fort surprise d'être reçue de cette manière, lorsque je n'ai aucun tort. — On n'ignore pas que vous avez toujours raison ; mais il n'y a point de doute sur ce qui s'est passé ; et quand votre séducteur ne veut point vous emmener avec lui, et n'ose pas même paraître ici, je m'étonne !..... — Je n'ai rien à dire contre de pareilles absurdités ; je sais ce que je dois penser de votre amitié, et je ne vous demande, Madame, que de souffrir chez vous ma présence jusqu'à demain. Je vais faire retenir une place à la diligence, et je pars pour Paris, que je n'ai quitté que par complaisance pour vous. Quand madame Gendron vit que je le prenais ainsi, elle voulut me demander des explications. Je lui répondis avec beaucoup de hauteur, que je n'en avais plus maintenant à lui donner; et la saluant, je montai dans mon appartement. On envoya un domestique me faire du feu, et me demander si je ne voulais rien prendre. Je fis réponse que je n'avais besoin que de sommeil, et que j'allais me coucher. Je donnai au valet l'argent nécessaire pour retenir ma place dans la diligence de Lyon, qui passe à Dijon. La dignité de tuteur ne permit pas au mien de venir me voir. Je mis en ordre mon linge et mes robes. Ma malle faite, je me couchai, et dormis jusqu'à six heures du matin sans le moindre trouble. Ce fut Julie, femme de chambre de madame Gendron qui entra chez moi; elle me dit que sa maîtresse avait ordonné qu'on retînt deux places à la diligence, parce qu'elle devait m'accompagner, madame ne voulant pas que je fisse le voyage seule. Je fus sensible à cette attention, qui cependant n'était que pour éviter les propos si l'on venait à savoir que l'on m'avait laissé partir sans me reconduire. Cette fille, en me racontant ce que j'ai dit de madame Gendron, m'aida à fermer mes malles. On m'apporta du chocolat; je le pris. On revint de Dijon, et on me dit que la diligence partait à midi. Je répondis que je serais prête. Ma toilette faite, je descendis dans le salon où était réunie la famille. M. Gendron voulut commencer un sermon; je le priai de s'en dispenser, ma morale étant beaucoup plus sévère que la sienne; ce mot le piqua. Onze heures sonnaient, la dormeuse s'approcha du perron. Je remerciai madame Gendron de ses attentions; elle me dit quelques mots insignifians. Je l'assurai que je lui renverrais Julie le plus promptement possible. Je croyais que Rosalie viendrait m'embrasser; elle ne leva pas les yeux de dessus son métier. Je fis quelques avances à mon vieux tuteur; il se recula. Une révérence bien froide finit cette ridicule scène. Comme j'étais déjà dans le vestibule, Laurent s'y trouva. Je lui donnai trois pièces d'or pour le guérir du mal que la peur des brigands lui avaient fait. J'ajoutai: Vous avez jugé et très-mal jugé, mon pauvre garçon; je vous le pardonne, parce que vous ne pouviez alors savoir ce que je voulais faire; il n'en est pas de même d'autres personnes, à qui je pardonne aussi. Adieu; et sans entendre ni ses remerciemens, ni ses excuses, je montai en voiture avec Julie pour gagner la diligence, que nous trouvâmes prête à partir pour Paris. J'arrivai deux jours après dans cette ville. Ce qui se passa dans ce voyage, et ce qui le suivit, fera le sujet de la seconde partie de ces Mémoires.

FIN DU PREMIER VOLUME.

DE L'IMPRIMERIE DE LEFEBVRE,
RUE DE BOURBON, N°. 11.

www.ingramcontent.com/pod-product-compliance
Lightning Source LLC
Chambersburg PA
CBHW050318170426
43200CB00009BA/1367